Joseph M. Marshall

Der stille Pfad

Joseph M. Marshall

Der stille Pfad

Indianische Weisheitsgeschichten

Aus dem Amerikanischen von
Andrea Schleipen

HERDER

FREIBURG · BASEL · WIEN

MIX
Papier aus verantwortungsvollen Quellen
FSC® C106847

Titel der amerikanischen Originalausgabe:
The Lakota Way. Stories and Lessons for Living.

Deutsche Erstausgabe

www.herder.de

Satz: Dtp-Satzservice Peter Huber, Freiburg
Herstellung: fgb · freiburger graphische betriebe
www.fgb.de

Printed in Germany

ISBN 978-3-451-33259-3

INHALTSVERZEICHNIS

EINLEITUNG

Lass den Wind durch dich hindurchwehen

Als ich in der vierten Klasse war, endete ein Streit auf dem Schulhof mit einer Tirade von Beschimpfungen, die man mir entgegenschleuderte und von denen eine verletzender war als die andere. Zwei weiße Viertklässler bedachten mich mit jedem nur erdenklichen Schimpfwort, das sie für Indianer kannten. Ich hingegen war sprachlos, weil mir nichts gleichermaßen Verletzendes einfiel. Ihre Beleidigungen schmerzten mich noch immer, als ich am Abend meinem Großvater von dem Vorfall erzählte.

„Worte können verletzen", sagte er, „aber nur, wenn du es zulässt. Sie haben dich beschimpft. Hast du dich in die Dinge verwandelt, die sie zu dir gesagt haben?"

„Nein", antwortete ich.

„Du kannst dich dem, was sie zu dir gesagt haben, genauso wenig entziehen wie dem Wind, wenn es stürmt. Aber wenn du lernst, den Wind durch dich hindurchwehen zu lassen, nimmst du ihm die Kraft, dich umzuwerfen. Wenn du die Worte an dir vorbeiziehen lässt, ohne dass sie deine Wut oder deinen Stolz berühren, wirst du sie nicht spüren."

Der weise Rat meines Großvaters hat mir durch viele Stürme des Lebens geholfen. Wie seine ruhigen, aber dennoch kraftvollen Ratschläge mich beeinflussten und es immer noch tun, gehört zu meinen Lieblingsgeschichten. Wenn ich jungen Menschen davon erzähle, wie die Worte meines Großvaters mir halfen, spüre ich, dass diese Worte auch ihre Herzen berühren.

In meiner Kindheit war ich überall von Geschichten und dem Geschichtenerzählen umgeben. Die Geschichtenerzähler waren meine Lakota-Großeltern – sowohl mütterlicher- als auch väterlicherseits – und andere Menschen ihrer Generation. Diese Alten kamen mir merkwürdigerweise nicht wirklich alt vor, doch ich hatte das Gefühl, dass sie schon lange unter uns weilten und alles wussten. Ihre Geschichten waren noch viel älter als sie selbst. Die Großmütter und Großväter waren die Hüter all jener wundervollen Erzählungen, die von den Ältesten an die nächsten Generationen weitergegeben wurden. Die Geschichten, die ich damals hörte und auswendig lernte, enthielten Lehren, die ich auf die Gegenwart anwenden kann, aber sie verbinden mich auch mit der Vergangenheit – mit einer Lebensweise, die länger existiert, als ich es mir vorstellen kann – und mit den Menschen, die dieses Land durchstreiften und ihre Spuren hinterließen, auf denen wir ihnen folgen können. Und da es mich und andere Menschen wie mich gibt und gab, die diese Geschichten hörten und sie im Gedächtnis bewahrten, wird diese Lebensweise durch uns weiterleben.

Ich konnte nie genug bekommen von diesen Geschichten und wollte meine Lieblingsgeschichten immer und immer wieder hören, so wie andere sich immer wieder denselben Film ansehen. Sie handelten nicht nur von Menschen oder „Zweibeinern", sondern auch von anderen Menschenarten: dem Elchmenschen, dem Bärenmenschen, dem Vogelmenschen und so weiter. Und sie handelten vom Land. Ich habe nie eine Geschichte gehört, in der es nicht auch in gewisser Weise um das Land ging.

In den Geschichten sind alle Dinge voller Leben und in der Lage, alles andere zu beeinflussen. Ein Wintersturm kann beispielsweise Persönlichkeit besitzen, er kann ungeduldig, zudringlich und derb sein. Ein junger Baumwollbaum kann quengeln und widerspenstig sein, der Sommerwind kann überzeugend sein und all die Grashalme überreden, sich im selben Augenblick in dieselbe Richtung zu neigen. Diese Vorstellung durchdringt die Erzählkunst der Lakota, denn die Geschichtenerzähler glauben, dass alle Dinge miteinander verbunden sind. Wenn ich während eines Wintersturms das Spiel der Wolken betrachte oder den Wind auf meinem Gesicht spüre, fühle ich mich mit ihnen verbunden. Ich betrachte sie nicht als etwas, dessen einziger Sinn es ist, die Zweibeiner zu plagen.

Die Geschichten meiner Vorfahren waren zwar unterhaltsam und informativ, doch das war nur ihr vordergründiger Zweck. Sie ermöglichten vielmehr das Überleben einer ganzen Kultur, da sie diese Kultur enthielten. Die Geschichten, mit denen ich aufwuchs, wurden mir bewusst immer und immer wieder erzählt, um mich auf das Leben vorzubereiten. Jede verkörpert eine Tugend, die in der Kultur der Lakota Voraussetzung für Harmonie und Glück ist.

Bei den Lakota haben Tugenden wie Bescheidenheit, Respekt, Aufopferung und Ehrlichkeit einen anderen Stellenwert und eine andere Bedeutung als in der westlichen Kultur. Für uns sind diese Eigenschaften keine nur schwer erreichbaren Ziele, sondern vielmehr wesentlicher Bestandteil des täglichen Lebens. Sie sind genauso instinktiv und fest in uns verankert wie die amerikanischen Höflichkeitsfloskeln „bitte“ und „danke“ oder „Gesundheit“, nachdem jemand geniest hat. Als ich aufwuchs, wusste ich, dass ich eines Tages die Dinge, die ich in den Geschichten gelernt hatte, verkörpern sollte: Ich sollte mitfühlend, ehrenhaft, tapfer sein. Ich wusste es, weil auch die Geschichtenerzähler gemäß den Lehren in ihren Geschichten lebten und das praktizierten, was sie predigten: Sie waren mitfühlend, sie waren ehrenhaft und sie waren mutig und weise.

Die Tugenden, die die Geschichten in diesem Buch vermitteln, sind die moralischen Grundpfeiler der Lakota-Kultur. Es gibt nichts Wichtigeres. Körperliches Wohlbefinden oder materieller Besitz sind uns zwar nicht gleichgültig, aber wir beurteilen weder uns noch andere nach diesen Maßstäben. Wir glauben, dass wir danach beurteilt werden sollten, wie sehr unser Leben von Tugendhaftigkeit geprägt ist.

Als sich unser Leben durch die Ankunft der Europäer für immer veränderte – als ganze Indianervölker durch Krankheit, Alkohol, Krieg und Enteignung vernichtet wurden –, überlebten wir, weil wir nach den Tugenden lebten, die wir aus unseren Geschichten gelernt hatten. Wir vertrauten darauf, die Art von Mensch zu sein, die unsere Vorfahren gewesen waren, so wie wir sie aus unseren Geschichten kannten.

Wir vertrauten darauf, in der ethischen Haltung unseren Vorfahren zu folgen. So konnten wir uns selbst und ihnen treu bleiben – und wir leben noch immer.

Da die Geschichten gleichermaßen Wissen und Inspiration transportieren, stärken sie die Gemeinschaft der Lakota auch weiterhin und ermöglichen es uns, mit unserer Welt und der Zeit, in der wir leben, fertig zu werden. Für jede neue Generation stehen Geschichten über Tugendhaftigkeit im Zentrum kultureller Erneuerung. Noch wichtiger ist jedoch, dass sie den Einzelnen berühren, Mann und Frau, Jung und Alt.

Die Geschichten in diesem Buch sollen einen Einblick in unsere Tradition, unsere Brauchtümer und Werte geben. Über Generationen haben uns diese Lehren geprägt und unsere Leben verändert und sie haben immer noch die Kraft dazu. Wenn man sich nicht bewusst dagegen wehrt, werden sie es tun. Sie werden zwar keinen Nicht-Lakota in einen Lakota verwandeln, aber sie haben jedem, der neugierig auf das Leben ist, viel zu bieten. Sie sind unser Geschenk an die Welt. Sie sind aus unseren Triumphen, unseren Niederlagen, unseren

Kräften und unseren Schwächen geboren. Es handelt sich nicht um wohlgehütete Geheimnisse, sondern um Wegweiser durch die Pfade unseres Lebens – Antworten, die vom Wind der Weisheit durch die weiten Prärien unseres Lebens getragen werden –, die uns und vielleicht auch Ihnen helfen mögen. Das ist jedenfalls mein Wunsch.

Ich selbst bin immer bereit und willens, mich an die Geschichten, die ich gehört habe, zu erinnern und sie weiterzuerzählen. Besonders dann, wenn der Wind weht.

Joseph M. Marshall III
Sicangu Oglala Lakota

1. BESCHEIDENHEIT

Unsiiciyapi (un-schii-ii-sii-jah-pii) –
Einfach, bescheiden, natürlich sein

Die Geschichte von No Moccasins

Die Alten unter uns sind die besten Vorbilder dafür, wie wir unser Leben leben sollten. Jeder ältere Mensch ist eine Sammlung an Geschichten, aus allem, was er gesehen und erlebt hat, und all dessen, was sich während seines Lebens in der Welt zugetragen hat. Ich habe bisher noch keinen alten Menschen kennengelernt, der nicht eine überzeugende Verkörperung mindestens einer Tugend war, und viele verkörpern mehrere.

So jemand war auch eine alte Frau namens No Moccasins. Sie lebte in einer Zeit, als es noch keine Pferde gab (vor 1700). No Moccasins und ihr Mann, Three Horns, konnten auf ein langes Leben zurückblicken. Sie hatten einen Sohn und eine Tochter und mehrere Enkelkinder und No Moccasins war für alle Kinder im Dorf wie eine Großmutter. Sie war eine zarte Frau und in ihrem siebenundsechzigsten Winter hatten ihre Haare die Farbe frisch gefallenen Schnees angenommen. Die Falten in ihrem Gesicht schienen die vielen Wege darzustellen, die sie schon in ihrem Leben gegangen war. Kein Besucher hatte je ihre bescheidene, aber saubere Hütte mit hungrigem Magen verlassen und auch selten ohne ein hübsch gefaltetes Geschenk in der Hand. Sie war weit und breit bekannt für ihre Papierfaltkunst und ihre Muster, und viele Frauen kamen, um diese Kunst bei ihr zu lernen.

Trotz alledem war sie hauptsächlich bekannt als Frau von Three Horns.

Three Horns war ein Mann mit ausgezeichnetem Ruf. Er war noch immer Krieger, als die meisten anderen Männer seines Alters die Stärke ihrer Arme und Beine sowie ihre Risikobereitschaft schon längst eingebüßt hatten. Im Lauf seines Lebens hatte er jede Menge Kriegsauszeichnungen erhalten – die Lanze, an der seine Adlerfedern angebracht waren, hatte die doppelte Länge eines ausgewachsenen Mannes. Jede Feder entsprach einer Auszeichnung und kein anderer Mann konnte sich damit messen. Als er schließlich den Kriegspfad verlassen hatte, nahm er seinen Platz im Ältestenrat ein. Dort teilte er selbstlos seine Weisheit und übertraf alle anderen an Redegewandtheit. Er war zwar siebzig Winter alt, doch seine Erscheinung war atemberaubend. Er hatte nicht den dicken Bauch vieler Männer seines Alters. Er stand groß und aufrecht und sein hüftlanges Haar war silberweiß.

Im Dorf wandte sich jeder, der einen Rat brauchte, an Three Horns. Es schien, als ob er schon immer da gewesen sei. Deshalb konnte es das ganze Dorf kaum fassen, als er krank wurde und sich auf sein Sterbebett begab.

Die Nachricht verbreitete sich schnell und schon bald kamen viele, viele Menschen aus anderen Dörfern, um dem sterbenden Häuptling ihre Ehre zu erweisen. In wenigen Tagen schwoll das winzige Dorf von Three Horns auf die doppelte Größe an. No Moccasins, ihre Tochter und viele andere Frauen waren damit beschäftigt, zu kochen und alle Gäste zu versorgen. Als Three Horns davon erfuhr, wie viele Menschen gekommen waren, bat er die Ältesten der Versammlung in seine Hütte.

Die vier Männer und zwei Frauen, die zur Hütte von No Moccasins und Three Horns gekommen waren, sahen, dass in der einen Hälfte der nach Norden ausgerichteten Hütte der lange Stab mit den Adlerfedern, Bogen, Pfeile und Schilder aus Büffelhaut standen, die farbenprächtigen Symbole eines ruhmreichen Lebens als Krieger. Three Horns sprach, geschwächt von seiner Krankheit, mit leiser Stimme zu No Moccasins, die neben ihm saß. Er schien jedoch stärker zu werden, während er sprach. No Moccasins kümmerte sich, wie sie es immer getan hatte, um das Wohl ihrer Gäste und das ihres Mannes und schwieg respektvoll.

„Liebe Freunde und Verwandte", begann er, „ich möchte euch dafür danken, dass ihr in meine Hütte gekommen seid. Ich hatte die Ehre, fast fünfzig Winter lang diese Hütte mit meiner Frau zu teilen. In dieser Zeit wurden uns ein guter Sohn und eine gute Tochter sowie viele Enkel geschenkt. Unser Volk hat gute und schwierige Zeiten erlebt. Wir waren bisweilen auf dem Kriegspfad und gute Männer wurden verletzt oder getötet. Wir wurden von unseren Feinden gefürchtet und geachtet. In jener Zeit stieg die Zahl unserer Hütten und Dörfer. Wir sind ein starkes Volk, unsere Wege sind gut, und ich bin dem Großen Geist dankbar, dass er mich als Lakota auf diese Welt gebracht hat. Ich habe ein gutes Leben gehabt und ich bin bereit für das nächste. Aber bevor ich diese Welt verlasse, möchte ich eine Geschichte erzählen, und ich bitte euch darum, diese Geschichte morgen nach Sonnenaufgang all jenen weiterzugeben, die gekommen sind. Deshalb habe ich euch heute zu mir gebeten. Ich möchte, dass ihr das Folgende wisst.

Als junger Mann brach ich von dem Dorf meines Vaters und meiner Mutter in Richtung Süden auf, um zu jagen. Ich kam zu einem Sommerlager, das sich nördlich des Running Water River befand. Zu jener Zeit fanden dort Feiern und Tänze statt, da man einen großen Sieg über die Feinde im Süden errungen hatte. Man lud mich zu den Feierlichkeiten ein. Es war eine schöne Zeit: Es gab viel zu essen und wir tanzten bis spät in die Nacht.

Als ich am nächsten Morgen erwachte, lag ich abseits des Pfads zum Wasser – und blickte in die schönsten Augen, die ich je gesehen hatte. Eine junge Frau starrte auf mich herab.

Sie sagte: ‚Komisch, was auf einmal am Wegesrand wächst!' Sofort sprang ich auf, folgte ihr zum Wasser und trug die Wasserflaschen für sie zurück ins Dorf. Das war die beste Hausarbeit, die ich in meinem Leben verrichtet habe.

Am nächsten Abend stand ich vor ihrer Hütte in einer Reihe mit all den anderen jungen Männern, die gekommen waren, um ihr den Hof zu machen. Ihr Name war Carries the Fire und mein Herz entbrannte für sie. Ich war sehr überrascht, als sie mich bat, am nächsten Abend wiederzukommen. Es wird euch nicht wundern, wenn ich euch sage, dass ich bis zur Herbstjagd in ihrem Dorf blieb. Inzwischen war sie, aus Gründen, die ich immer noch nicht verstehe, für die ich aber dankbar bin, zu der Auffassung gelangt, dass ich einen guten Ehemann abgeben würde. Also kehrte ich nach Norden zurück, um meine Familie zu unterrichten, damit sie die Geschenke an ihre Familie als Brautpreis vorbereiten konnte.

Im folgenden Frühling heirateten wir. Dazwischen lag der längste Winter meines Lebens. Dann verließ ich meine Familie und wurde, so wie es bei uns Sitte ist, Mitglied ihres Dorfes. Kurz darauf fielen in unserem Dorf Feinde aus dem Süden ein, die auf einem Rachekriegszug für die zuvor erlittene Niederlage waren. Sie töteten einen Mann und entführten zwei junge Frauen. Ein Trupp folgte ihren Spuren in Richtung Süden. Auch ich war dabei.

Wir verfolgten sie mindestens einen halben Mond lang und kamen dabei in ein Land, das ich noch nie gesehen hatte. Da wir schnell vorankamen, holten wir sie ein, als sie wieder bei ihrem Dorf angelangt waren. Wir versteckten uns und beobachteten. So sahen wir, wo sie die zwei Frauen hinbrachten. Später entdeckten wir, wo die Wachposten waren, und machten einen Plan.

Wir waren zu sechst. In jener Nacht sollten zwei von uns im Osten des Dorfes Feuer legen und zwei andere von uns im Westen. Während die Männer der Dorfes damit beschäftigt sein würden, das Feuer zu löschen, würden zwei von uns sich anschleichen und unsere zwei jungen Frauen zurückholen. Der Plan ging auf, mit einer Ausnahme. Ich war einer der beiden, die sich ins Dorf schleichen sollten. Und ich wurde gefangen genommen.

In der Dämmerung waren unsere Krieger mit den beiden jungen Frauen zurück nach Norden geflohen und ich war froh, den Preis für eine gelungene Rache zu zahlen. Wie ihr euch vorstellen könnt, waren meine Feinde sehr wütend. Sie machten mich zu ihrem Sklaven. Mir wurden sämtliche Kleidungsstücke abgenommen – alle. Ich wurde nackt umhergeführt. Alle lachten. Sie zwangen mich zu arbeiten. Ich grub Pfahllöcher, bis meine Hände und Knie blutig waren. Sie quälten mich, sie warfen mir Schmutz ins Gesicht. Die Frauen zogen ihre Kleider vor mir hoch und lachten und zeigten mir damit, dass ich kein Mann mehr war. Sie gaben mir kein Essen und ich war gezwungen, mit den Hunden um die Abfälle zu kämpfen. Abends fesselten sie mich an Händen und Füßen und banden mich zwischen zwei Pfosten fest. Es gab kein Entkommen. Nach und nach begann ich, mich niedriger als ein Mistkäfer zu fühlen.

Ich hatte jedes Gefühl für Zeit verloren, aber ich suchte nach Fluchtmöglichkeiten. Doch durch den Mangel an Nahrung war ich sehr geschwächt und ich wusste, dass ich fliehen musste, bevor ich keine Kraft mehr dazu hätte. Nach einiger Zeit stellten sie keine Wache für die Nacht mehr ab. Ich zog an den Pfosten, an die ich gebunden war, und nach und nach gelang es mir, sie zu lockern. Doch jemand entdeckte, was ich getan hatte, und grub die Pfosten tiefer ein. Ich verlor den Mut.

Ich schäme mich nicht, euch zu sagen, dass ich eines Nachts sogar den Großen Geist um einen schnellen Tod bat. Fliehen konnte ich nicht mehr. Ich war zu schwach.

Eines Nachts war es kalt und regnerisch, und ich war nackt und zitterte. Es war niemand zu sehen, sogar die Hunde hatten sich im Trockenen zusammengerollt. Mir wurde schwer ums Herz, als ich an meine junge Frau dachte und daran, dass ich sie nie, nie wiedersehen würde. Ich dachte so sehr an sie, dass mir ihr Gesicht erschien. Nach einer Weile merkte ich, dass ich nicht träumte. Sie war hier! Während ich ungläubig dalag, durchtrennte sie mit einem Messer meine Fesseln. Sie half mir auf die Beine und führte mich aus dem feindlichen Dorf.

Ich war geschwächt vom Hunger und nicht bei klarem Verstand. Doch ich erinnere mich, dass wir die ganze Nacht lang liefen, bis wir zu einem Versteck kamen, das sie vorbereitet hatte. Es hatte die ganze Nacht lang geregnet und der Regen hatte unsere Spuren verwischt; sie hätte keinen besseren Zeitpunkt wählen können.

Auch Nahrung und Waffen hatte sie versteckt. Als ich wieder klar denken konnte, sah ich, dass sie als Tarnung für die Reise Männerkleidung trug – meine. Wir hielten uns versteckt, aßen und ruhten uns aus. Sie erzählte mir, dass die anderen Männer bei ihrer Heimkehr berichtet hatten, dass ich getötet worden sei. Einige Zeit habe sie getrauert – schließlich aber habe sie festgestellt, dass sie nicht wirklich an meinen Tod glaubte. Eines Nachts traf sie Vorbereitungen und verließ das Lager. Die anderen hatten ihr erzählt, wo sich das Dorf des Feindes befand, so wusste sie, wo sie suchen musste. Nach vielen Tagen des Versteckens und Beobachtens kam sie an jenem verregneten Tag zu mir.

Obwohl der Regen unsere Spuren verwischt hatte, wusste der Feind, dass wir Richtung Norden reisen mussten, um unsere Heimat zu erreichen. Also schickten sie Krieger hinter uns her. Nachdem wir uns ein paar Tage ausgeruht und versteckt hatten, brannten wir darauf, nach Hause zu kommen. Wir wussten natürlich, dass wir vorsichtig sein mussten, und wir sahen uns auf dem Rückweg immer wieder um. Unsere Verfolger waren zu sechst, und sie bewegten sich schnell. Ich wusste, dass sie aus dem Dorf, in dem ich gefangen gehalten worden war, sein mussten und dass jene sechs Männer ihre besten Krieger waren. Ich war entkommen, obwohl sie sich sicher gewesen waren, dass ich das niemals schaffen würde. Sie konnten nicht wissen, dass ich Hilfe bekommen hatte. Da meine Flucht eine Beleidigung war, die sie nicht akzeptieren konnten, schickten sie ihre besten Fährtenleser und ihre erbittertsten Krieger nach mir aus. Wir verwischten unsere Spuren, so gut wir konnten, aber es half nichts. Sie rannten und ich konnte es nicht. Carries the Fire und ich beschlossen, uns zu verstecken, sodass wir keine Spuren hinterlassen würden, denen sie folgen konnten. Wir mussten sie irgendwie abschütteln – doch da ich nichts tun konnte, erzählte ich ihr nichts von meinem Gedanken. Sie dachte jedoch dasselbe.

Wir fanden ein gutes Versteck in einer verlassenen Bärenhöhle. An jenem Nachmittag, als ich schlief, schlich sie sich davon. Am Abend kehrte sie durchnässt und barfuß zurück. Sie hatte ihre Mokassins in der Nähe einer Bucht abgelegt, um unsere Verfolger auf eine falsche Fährte zu locken. Später erzählte sie mir, dass sie sich in einem Biberbau versteckt hatte, als sie fast entdeckt worden wäre. Ich neckte sie damit, dass sie von nun an einen neuen Namen tragen sollte – No Moccasins.

Nach zwei Tagen verließen wir unser Versteck und zogen drei Tage lang gen Westen, dann in Richtung Norden. Ich fing an, sie No Moccasins zu nennen, denn es war in Anbetracht dessen, was sie getan hatte, ein ehrenvoller Name. Obwohl ich jeden Tag stärker wurde, war der Heimweg beschwerlich. Wir mussten nach Feinden Ausschau halten, nach Nahrung suchen und nach einer Unterkunft für die Nacht. Aber wir hatten eine große Stärke: ihren ruhigen Mut.

Die Leute waren überrascht, als sie uns wiedersahen. Sie hatten geglaubt, dass ich ermordet worden sei und meine Frau Selbstmord begangen hätte. Das ist nicht unüblich. Meine Frau wollte unsere Geschichte nicht weitertragen und ließ mich nur berichten, dass ich meinen Fängern entkommen war. Die Leute verehrten mich dafür, aber es war nicht mein Sieg.

Ich habe euch Alte in meine Hütte gebeten, um meine Zeugen zu sein. Es ist an der Zeit, dass ich die große Schuld, in der ich bei meiner Frau stehe, wiedergutmache. Ich war in meinem Leben ein erfolgreicher Krieger und irgendwie gelang es mir, zu Ehren zu kommen und einen guten Ruf zu erlangen.

Dennoch gelten all diese Ehrungen in Wahrheit nicht mir, denn ich hätte sie nicht erlangen können, wenn meine Frau nicht ihr Leben riskiert hätte. Ich habe in meinem ganzen Leben von keinem Mann gehört, der eine mutigere Tat vollbracht hätte. Sie war ganz allein ins Feindesland gereist und hatte sich ins feindliche Dorf geschlichen. Nur wenige Männer können das von sich behaupten.

Nach ihrer Tat hatte ich nur einen Gedanken im Kopf, wenn ich mich auf den Kriegspfad begab: mich meiner Frau würdig zu erweisen. Mein ganzes Leben lang habe ich versucht, ihr ebenbürtig zu sein, doch ich muss leider gestehen, dass ich es nicht geschafft habe. Deshalb muss ich alle Ehren derjenigen geben, der sie wirklich zustehen. Ich gebe sie meiner Frau. Ich wünsche, dass meine Kriegswaffen und mein Adlerfederschmuck von dem Männerbereich unserer Hütte in den Frauenbereich verlegt werden, wo sie hingehören.

Ich werde diese Welt bald verlassen und ich möchte noch um eine letzte Sache bitten. Ich möchte, dass auf meiner Beerdigung nur mein in ein Beerdigungsgewand gewickelter Körper auf dem Scheiterhaufen verbrannt wird. Ich will diese Welt als der Mensch verlassen, der ich war, bevor ich meine

Frau kennenlernte: arm und schmucklos. Alles, was ich zu sein schien, wäre ich ohne diese Frau nicht geworden."

Three Horns atmete tief ein und lehnte sich zurück. No Moccasins wischte sich still ihre Tränen aus den Augen und bedeckte ihren Mann mit einem Gewand.

„Ich kannte gute Menschen in meinem Leben", fuhr Three Horns fort. „Viele von ihnen waren weise, ehrenhaft, großzügig und tapfer. Doch keiner von ihnen, außer dieser alten Frau, die wie immer neben mir sitzt, besaß die eine Stärke, die all den anderen Bedeutung verleiht – Bescheidenheit.

Sie tat etwas Mutiges und noch niemand – nicht einmal der stärkste Krieger unter uns – hat bislang Gleiches gewagt. Dennoch war es ihr gleichgültig, ob jemand davon erfuhr. Es ist an der Zeit, dass das jeder weiß. Ich habe gesprochen."

Die Alten, die sich um Three Horns versammelt hatten, gaben ihr Wort, die Geschichte von No Moccasins' Mut und Bescheidenheit zu verbreiten. In den darauffolgenden Tagen und Nächten versammelten sich Jung und Alt am Lagerfeuer, um den Alten zuzuhören. Bald schon verbreitete sich der Name von No Moccasins mit dem Rauch vieler Lagerfeuer.

Wenige Tage später verstarb Three Horns in den Armen seiner geliebten No Moccasins. Obwohl sie der Verlust sehr schmerzte, tröstete sie andere. Bei der Beerdigung blieb der Scheiterhaufen von Three Horns schmucklos, wie er es sich gewünscht hatte. Jene, die um ihn trauerten, ehrten auch seine Witwe.

Als Zeichen ihrer Trauer schnitt sich No Moccasins ihre Haare ab, doch ansonsten änderte sich äußerlich nichts. Sie lebte ihr Leben wie eh und je – eine zierliche, ruhige alte Frau inmitten des quirligen Treibens eines lebhaften Dorfes. Aber die Ehre und der Respekt, die Three Horns in seinem Leben zuteil geworden waren, gehörten jetzt No Moccasins. Es verging kein Tag, an dem nicht etwas Essbares als Geschenk vor ihrer Tür lag, und jeden Tag teilte sie diese Geschenke mit den sehr alten und den sehr jungen Menschen. Für den Rest ihres Lebens fehlte es No Moccasins an nichts. Im Winter türmte sich ein Holzstapel vor ihrer Tür, der fast so groß wie die Hütte war. Auch diesen teilte sie. Sie hieß jeden Besucher willkommen, darunter oft Krieger von nah und fern. Sie kamen, um Geschenke zu überbringen, um ein Mahl zu teilen und um im Angesicht des Mutes Bescheidenheit zu lernen.

No Moccasins starb in ihrem siebzigsten Winter. An ihrem Scheiterhaufen hingen der Schild ihres Mannes, seine Waffen und der Adlerfederschmuck. Auf dem Boden davor türmten sich Hunderte von Moccasins, damit sie die Reise in die andere Welt nicht barfuß antreten musste.

Die Geschichte von Iktomi, dem Gauner

Iktomi war wie immer hungrig. Er konnte sich nicht mehr erinnern, wann er zuletzt etwas gegessen hatte. Ohne festen Plan machte er sich auf die Suche nach etwas Essbarem. Da Iktomi jedoch kein guter Jäger war, standen die Chancen auf eine schnelle Mahlzeit nicht gut. Genau genommen war er der schlechteste Jäger weit und breit. Er konnte nicht mit Waffen umgehen und war langsam zu Fuß. Merkwürdigerweise war er dennoch guten Mutes, denn er wusste, dass er einer der verschlagensten Menschen auf dieser Erde war.

Er gelangte zu einem Pfad, dem er folgte. Man konnte nie wissen, wohin ein solcher Weg führt, aber eines wusste er sicher: Es bestand die Möglichkeit, dass der Pfad eine gute Gelegenheit eröffnete. Und eine Gelegenheit bedeutete für

Iktomi den Schüssel zum Überleben. Er erklomm den Berggipfel, und als er sich an den Abstieg machte, sah er jemanden den Berg heraufkommen. Es war *Mato*, der Bär.

Iktomi versteckte sich sofort. Abgesehen von *Tatanka*, dem Bison, war Mato der stärkste aller Vierbeiner. Ein Hieb mit seiner Pranke konnte den kleinen, schmächtigen Iktomi ins Jenseits befördern. Und das war ein Ort, nach dem sich Iktomi nicht unbedingt sehnte. Aus dem Dickicht eines Pflaumenbaumes beobachtete Iktomi, wie Mato bergauf trampelte. Plötzlich wurde Iktomi bewusst, dass er zwischen reifen Pflaumen saß, Matos Lieblingsspeise. Er war kurz davor, in Panik zu geraten und um sein Leben zu laufen, als er bemerkte, dass Mato mit Narben von alten Verletzungen übersät war. In seinem listigen Gehirn keimte ein Gedanke auf.

Er verließ das Dickicht, ging den Pfad hinab und pfiff beim Gehen. Mato fiel dies natürlich sofort auf, aber aufgrund seiner schlechten Augen musste er abwarten, um zu sehen, von wem der fröhliche Laut stammte.

„Du bist es“, knurrte er, als Iktomi anhielt. „Geh mir aus dem Weg! Ich muss mir für den Winter Speck anfressen. Geh mir aus dem Weg, wenn du nicht gefressen werden willst!“

Iktomis Knie wurden weich und sein Herz schlug heftig. Er hatte jedoch einen Plan, und der würde nicht funktionieren, wenn Mato bemerkte, dass er schreckliche Angst hatte.

„Sei gegrüßt, Bruder Mato!“, rief Iktomi mit der lautesten, mutigsten Stimme, die er aufbringen konnte. „Schön, dich zu sehen, aber du musst zur Seite treten, weil ich es eilig habe!“

Mato war erstaunt. Er war noch nie jemandem begegnet, der sich ihm entgegenstellte. Alle Zweibeiner rannten davon, wenn er sich näherte. Und jetzt verlangte dieses kleine, schmächtige Etwas, dass er zur Seite gehen sollte.

„Ich hoffe, du schmeckst besser, als du aussiehst“, brummte Mato. „Sag nicht, dass ich dich nicht gewarnt hätte. Viel stärkere Wesen als du zittern bei meinem Anblick!“

„Das ist wahr", erwiderte Iktomi, „aber du weißt nicht, wie stark ich in Wirklichkeit bin."

„Das einzig Starke an dir ist dein Geruch!", brüllte Mato, der von Iktomis Arroganz so aufgebracht war, dass er sich auf die Hinterbeine stellte.

Es gibt wenige Anblicke, die so furchterregend sind wie der auf seinen Hinterbeinen stehende Mato. In dieser Haltung war er viermal so hoch wie Iktomi, dem das Herz in die Hose rutschte. Es war viel zu spät, um wegzurennen, denn Tatanka war das einzige Wesen der Prärie, das schneller war als Mato. Iktomi nahm all seinen Mut zusammen, von dem er nicht sonderlich viel besaß, und blieb standhaft.

„Ich bin stärker als du", verkündete er. „Und ich kann es auch beweisen, wenn du nicht zu viel Angst davor hast!"

Mato warf sich auf den Boden und lachte. Seine lautes Gelächter dröhnte über den Hügeln, als er vor Lachen grölte, bis ihm die Tränen aus seinen Knopfaugen liefen. Als er vor Lachen nicht mehr konnte, setzte er sich auf und starrte Iktomi an, der natürlich die Zuversicht in Person war.

„Es gibt niemanden, der stärker ist als ich", sagte Mato. „Deshalb fürchte ich mich vor nichts, nicht einmal vor dir!" Dabei überkam ihn wieder das Lachen. „Also", kicherte er, „beweise mir, wie stark du bist!"

„Das werde ich", entgegnete Iktomi, „aber ich werde dir den Vortritt lassen, denn ich bin nicht nur stark, sondern auch fair."

Mato kicherte noch mehr. „Was soll ich tun?"

„Ich weiß, dass du sehr viele Male verwundet wurdest und immer noch am Leben bist."

„Ja", gab Mato zu. „Ich wurde sehr oft von Zweibeinern verletzt, deshalb befinden sich viele Pfeil- und Lanzenspitzen in meinem Körper."

„Genau", rief Iktomi, „aber in meinem Körper auch und sogar sehr viel mehr als in deinem. Du musst alle Pfeil- und

Lanzenspitzen deines Körpers aushusten und ich werde dasselbe tun. Dann werden wir sehen, wer mehr hat."

Mato konnte nicht aufhören zu kichern. „Na schön", sagte er, „aber mir scheint das kaum der Mühe wert. Ich könnte dich auch einfach verspeisen und die Sache wäre erledigt."

„Dann sollten wir eine Wette abschließen", sagte Iktomi. „Wenn du gewinnst, zeige ich dir eine Bucht, in der es so viele Fische gibt, dass man sie mit geschlossenen Augen fangen kann. Und obendrein kannst du auch noch mich auffressen. Wenn ich gewinne, musst du mich einen Monat lang mit Nahrung versorgen."

„Du bist wahrscheinlich sehnig und schwer runterzukriegen, aber ich gehe die Wette trotzdem ein", entschied Mato. „Ich mache den Anfang."

Nachdem er das gesagt hatte, sprang er auf, stellte sich auf die Hinterbeine und fing an, gegen seine Brust zu trommeln. Er hustete und hustete, bis er Pfeil- und Speerspitzen auszuspucken begann. Natürlich war Iktomi klar, dass Mato beim Würgen und Husten seine Augen würde schließen müssen. Und als die Dinge, die aus ihm herausflogen, sich zu einem großen Haufen türmten, trat Iktomi in Aktion. Er verschluckte die Pfeil- und Speerspitzen ebenso schnell, wie Mato sie herauswürgte. Als Mato schließlich fertig war und sich hinsetzte, betrachtete er den Haufen vor ihm. Er war relativ klein.

„Jetzt du", sagte er, nicht im Geringsten beunruhigt. Er wusste, dass in Iktomis mickrigem kleinen Körper nicht mehr als ein oder zwei Pfeilspitzen stecken konnten.

Iktomi richtete sich so hoch auf, wie er nur konnte, trommelte gegen seine Brust und begann zu husten und zu husten. Schon bald kam eine Pfeilspitze zum Vorschein, dann noch eine und dann eine Speerspitze. Vor dem erstaunten Mato wuchs Iktomis Haufen aus Pfeil- und Speerspitzen immer mehr und wurde höher und höher. Es war kaum zu glauben, dass Iktomi so oft verwundet worden war, doch es gab keinen Zweifel: Iktomis Haufen von Pfeil- und Speerspitzen war sehr viel größer der Matos. Mato war zwar nicht sehr intelligent, aber er war auch ehrenhaft, und so fügte er sich, obwohl er nicht aufhörte, erstaunt vor sich hin zu murmeln. Und er hielt sein Wort und versorgte Iktomi einen ganzen Monat lang mit Fisch und Beeren.

Die Prophezeiung der Weißen Büffelkalbfrau

Bescheidenheit ist wohl die Tugend, die am schwersten zu erlernen und aufrechtzuerhalten ist. Unsere Gesellschaft belohnt Arroganz und eine gewisse Überheblichkeit. Unsere Helden sind eher laute und dreiste Sportler, millionenschwere Unternehmer, Filmstars und dergleichen – Menschen, die nicht wissen oder nicht wissen wollen, was Bescheidenheit ist. Doch von allen Tugenden ist Bescheidenheit die, die uns das Leben lehrt, wenn wir sie nicht aus freien Stücken erlernen.

In einer Zeit, als ihr Volk unter großen Entbehrungen litt, gingen einst zwei junge Männer weit außerhalb ihres Dorfes auf die Jagd. Eine große Dürre hatte die Tiere aus ihren angestammten Revieren vertrieben, aber auch die Menschen schienen vom Weg abgekommen zu sein. Sie waren schwach und unglücklich, verwirrt und boshaft, weil sie die guten Bräuche vergessen hatten, die sie stark gemacht hatten.

Die beiden Jäger hatten keinen Erfolg gehabt und waren entmutigt, aber sie blieben dennoch auf ihrem Weg. Eines Tages bemerkten sie auf einem Berggipfel etwas Seltsames – schwebenden weißen Nebel. Sie hatten schon monatelang keine Wolken mehr gesehen und waren neugierig, aber auch ängstlich. Sehr vorsichtig näherten sie sich dem schwebenden Nebel.

Dem Nebel entstieg eine Frau, eine wunderschöne Frau, und sie war nackt. Die Jäger wunderten sich natürlich und wussten nicht, wie sie sich verhalten sollten. Einer von ihnen hatte sofort schmutzige Gedanken und näherte sich der Frau, um die Situation auszunutzen. Der zweite Jäger versuchte vergeblich, ihn davon abzuhalten. Bevor der erste Jäger die junge Frau erreichen konnte, sank der Nebel nach unten, umhüllte ihn und lichtete sich nach einer Weile wieder. Der zweite Jäger war entsetzt, als er sah, dass sein Begleiter jetzt nur noch ein Skelett war. Sein Fleisch war von dem Nebel zersetzt worden und Schlangen wanden sich zwischen seinen Knochen.

Der verbliebene Jäger wusste, dass er Zeuge von etwas sehr Geheimnisvollem und Mächtigem geworden war, und unterwarf sich der jungen Frau. Sie lobte ihn für seine Ergebenheit und stellte ihm eine Aufgabe. Er sollte sofort in sein Dorf zurückkehren und sein Volk anweisen, eine Hütte für sie bereitzuhalten. Dann sollten sie auf ihr Erscheinen warten.

Der junge Jäger tat, wie ihm befohlen worden war, und überzeugte die Einwohner seines Dorfes, den Anweisungen der jungen Frau Folge zu leisten. Kurz nachdem die Hütte vorbereitet war, erschien die junge Frau mit einem Bündel auf ihrem Arm. Sie lud die Ältesten in ihre Hütte ein und zeigte ihnen sieben Rituale, die sie getreu ausführen sollten. Wenn sie sich an ihre Instruktionen hielten, würden sie wieder mächtig und wohlhabend werden. Die junge Frau öffnete ihr Bündel und enthüllte eine heilige Pfeife. Sie lehrte die Alten, wie man die Pfeife benutzt, und verschwand danach.

Die Menschen beobachteten, wie sie bis zum Gipfel des Berges stieg, auf dem ein weißer schwebender Nebel erschienen war. Die junge Frau durchschritt den Nebel und kam auf der anderen Seite als weiblicher weißer Büffel heraus.

Dies ist eine sehr gekürzte Fassung einer der meistverehrten Lakota-Geschichten: Die Prophezeiung der Weißen Büffelkalbfrau. Sie brachte uns nicht nur die Pfeife, die wir bis zum heutigen Tag besitzen, sondern sie legte auch den Grundstein für unseren spirituellen Glauben und die Zeremonien, durch die wir ihn leben. Diese Geschichte enthält jedoch zwei einfache Lehren, die oft übersehen werden.

Wir taten das, was die Weiße Büffelkalbfrau uns gelehrt hatte. Wir begingen die Zeremonien und führten unser Leben so, wie sie es gesagt hatte, und wurden stark. Wir wurden sogar das stärkste Volk der Prärie. Allerdings erschauere ich bei dem Gedanken, was geschehen wäre, wenn beide Jäger dreist und arrogant gewesen wären.

Ich glaube aber, dass die Weiße Büffelkalbfrau gerade diesen beiden jungen Männern erschienen ist, weil der eine arrogant und der andere bescheiden war. Die erste Lehre aus der Geschichte lautet, dass die Arroganz vernichtet wurde. Die Weiße Büffelkalbfrau hatte keine Verwendung dafür und der Nebel, der den arroganten Jäger umgab, war das Leben selbst. Die zweite Lehre lautet, dass Demut als Werkzeug des Guten dient. Die meisten von uns waren schon einmal großzügig, mutig, respektvoll und sogar weise. Doch Bescheidenheit ist die Tugend, die alle anderen vervollkommnet. Die Menschen im Dorf von No Moccasins verehrten sie eher für ihre Bescheidenheit als für die mutigen Taten, die sie als junge Frau vollbracht hatte.

Doch es gibt auf dieser Welt auch die Iktomis: jene, die sich hinter der Fassade der Arroganz verstecken und sie echt und verlockend erscheinen lassen.

Ein bescheidener Mensch strauchelt selten, sagen die Alten, da er mit dem Gesicht zur Erde läuft und den Weg vor sich sieht. Auf der anderen Seite wird der arrogante Mann, der sich erhobenen Hauptes im Ruhme des Augenblicks sonnt, öfters straucheln, da er mehr mit sich selbst beschäftigt ist als mit dem, was vor ihm liegt.

Die Last der Bescheidenheit ist leicht, da eine wirklich bescheidene Person sich vom Bedürfnis nach Anerkennung frei macht. Die Last der Arroganz dagegen wird jeden Tag schwerer. Die Reise des Lebens sollte man mit einem bescheidenen Menschen teilen und einen ruhigen Pfad beschreiten.

2. BEHARRLICHKEIT

Wowacintanka (wo-wah-tschin-tan-gah) –
Ausdauernd, standhaft, unermüdlich sein

Die Geschichte von den Riesen

Es heißt, dass das Volk der Red Calf in jenem Sommer der vielen Stürme in der Prärie nördlich des Running Water River und südlich des Great Muddy River (Missouri River) sein Lager aufschlug. Cloud und Plum hatten im Mond der Beerenreife – im Mai – geheiratet. Zwei Nächte später zog von Südwesten ein Sturm auf, von dem die Alten sagten, dass er der stärkste gewesen sei, den sie je erlebt hätten. Die Geflügelten hielten sich vom Himmel fern, die Zweibeiner blieben in ihren Unterkünften und die Vierbeiner versteckten sich im Gebüsch. Die Frauen trotzten den kalten Regentropfen und den heftigen Hagelkörnern, um Erdnägel einzuschlagen, damit die Wigwams aus Büffelleder dem heulenden Wind würden standhalten können. Die nächtlichen Wachposten schützten ihre Köpfe mit Büffellederdecken, während sie Wache standen. Große schwarze Wolken zogen am Himmel auf, und Donnerschläge ertönten, ihre riesigen Mäuler brüllten und tönten, und aus ihren wütenden Augen blitzte das Licht von hundert Sonnen.

Doch der Sturm war nicht das Schlimmste, was dem Volk der Red Calf in jenem Sommer zustieß. Während die Menschen das Ende von Sturm, Regen und Hagel erwarteten, trat etwas Dunkles und Hässliches aus der Nacht und drang in ihre Zelte.

Der Sturm polterte und blies, und Cloud und Plum saßen dicht aneinandergekauert in ihrem neuen Wigwam, der sich direkt hinter dem von Plums Eltern befand. Der Wigwam hielt dem Sturm stand, und sie wussten, dass sich dieser Sturm, wie jeder andere auch, einmal legen würde. Doch aus der Dunkelheit hörten sie von Angst und Entsetzen erfüllte Schreie. Hunde bellten und jaulten vor Furcht. Männer stießen Warnrufe aus, die ungehört im Wind verhallten. Frauen und Kinder schrien.

Etwas riss die Erdnägel aus ihrem Wigwam, etwas, das stärker war als der Wind. Eine riesige schwarze Gestalt, die sehr viel größer als ihr Wigwam war, zeichnete sich vor dem Blitzgewitter ab. Es war *Iya*, der Riese, der die Kraft von tausend Männern, das dunkelste aller Herzen und einen unstillbaren Hunger besaß, der ihn zu schrecklichen Taten trieb.

Eine Hand, viel größer als die eines erwachsenen Mannes, griff in ihr Zelt und riss Plum von Cloud hinweg, als würde sie ein Blatt pflücken. Vor Clouds ungläubigen Augen steckte die Hand die zappelnde Plum in einen Mund, der wie ein riesiges Erdloch aussah, und Plum verschwand. Cloud erstarrte vor Angst. Er war unfähig, sich zu bewegen, während Iya das Dorf zerstörte, um seinen unbändigen Hunger zu stillen.

Unzählige Wigwams wurden in jener Nacht verwüstet und viele Menschen waren vor Angst wie betäubt, als Iya durch das Dorf strich. Nichts und niemand konnte ihn aufhalten. Cloud und ein paar andere junge Männer nahmen all ihren Mut zusammen, ergriffen ihre Bögen und feuerten Pfeile auf den Riesen, doch das Monster schenkte ihnen keine Beachtung. Iya ergriff Mädchen und junge Frauen und warf sie in sein großes, sabberndes Maul. Dann verschwand er in der Dunkelheit und hinterließ verwüstete und verstreute Wigwams, Bestürzung und trauernde Herzen.

Bei Tagesanbruch ließ der Sturm nach und die Menschen begannen mit der Wiederherstellung ihres Dorfes – doch um ihre geliebten Angehörigen, die der Riese weggerissen hatte, konnten sie nur trauern. Red Calf berief den Ältestenrat ein, um das weitere Vorgehen zu besprechen.

Man könne gar nichts machen, sagten einige. Iya sei zu groß und mächtig. Das Einzige, was man tun könne, wäre, das Dorf zu verlagern und zu hoffen, dass er nicht wiederkäme, rieten einige.

Die Frauen fingen an, die Wigwams für den Umzug abzubauen, und die Männer trieben die Lastenhunde zusammen, die die Sachen ziehen mussten, da es zu jener Zeit noch keine Pferde gab. Cloud hatte nicht vor, wegzuziehen. Er war wütend. Iya hatte ihm seine junge Frau weggenommen und er konnte sich ihre Schmerzen und ihr Entsetzen nur allzu gut vorstellen. Er ging zu seinen Eltern und verkündete ihnen, dass er seine Waffen ergreifen und sich auf die Suche nach Iya machen würde.

Clouds Plan sprach sich rasch herum und sieben andere schlossen sich ihm an. Schon bald brachen acht tapfere junge Männer mit Lanzen, Messern, Pfeilen und Bögen sowie einer schrecklichen Wut bewaffnet nach Osten auf. Iyas Spur war leicht auszumachen. Seine Fußabdrücke waren so tief, dass sich Regenwasser in ihnen sammelte.

Während Red Calf sein Volk nach Norden zum Great Muddy River führte, begannen die acht jungen Männer mit ihrem Rachefeldzug gegen Iya. Nach einem halben Tagesmarsch fanden sie ihn auf einem Berg schlafend vor. Aus der Ferne wirkte er ganz klein. Iya erwachte, als sie einen Bogenschuss von ihm entfernt waren. Sie versteckten sich und sahen, wie der Riese sich streckte und kratzte. Er war ein unglaublich hässliches Biest, nackt und ungewaschen und voller Zweige und Äste, die sich in seinem langen zotteligen Haar verfangen hatten. Er machte ein mürrisches Gesicht und sah wie jemand aus, der nichts und niemanden zu fürchten hatte.

Cloud und die anderen hatten Iya noch nie zuvor gesehen. Sie kannten ihn nur als Fabelwesen aus den Geschichten der Alten, als eine Erfindung, die sie einschüchtern sollte, damit sie sich besser benahmen. Großmutter Little Bird hatte immer nur geheimnisvoll gelächelt, wenn Cloud oder seine Schwester Shawl sie als kleine Kinder gefragt hatten, ob es Iya wirklich gäbe. Nun saß er vor ihm und war größer als alle Lebewesen, die er je gesehen hatte. Und in seinem Magen waren Plum und all die anderen Mädchen und jungen Frauen, die er geraubt hatte.

Noch nie zuvor hatte sich Cloud so klein gefühlt. Er war ein guter Jäger und hatte seinem Vater seit seinem zwölften Winter geholfen, die Familie zu ernähren und zu kleiden. Er hatte sich bereits einen Ruf als guter Kämpfer und Krieger erworben. Doch weder auf der Jagd noch auf dem Kriegespfad war ihm je so etwas wie Iya begegnet. Sein Cousin Black Fox stellte die Frage, die allen im Kopf herumging.

„Wie sollen wir so ein Ding bezwingen?"

Niemand wusste eine Antwort.

„Wir werden uns etwas einfallen lassen" war alles, was Cloud sagen konnte.

Iya stand auf und ging in Richtung Osten, wobei er alles, was in seinem Weg stand, niedertrampelte. Kaninchen, Rotwild und Antilopen stoben hastig davon, und auch die Vögel in der Luft suchten eilig das Weite.

Sie folgten ihm den ganzen Tag, bis der Riese in der Abenddämmerung haltmachte, um sich in einer Schlucht schlafen zu legen. Sie konnten ihn schnarchen hören. Die jungen Männer schlugen ihr Lager auf, ohne jedoch Feuer zu machen, um Iyas Aufmerksamkeit nicht zu erregen. Sie ruhten sich aus, aßen *Wasna* (Pemmikan) und unterhielten sich nur flüsternd, da sie nicht wussten, wie gut seine Ohren waren. Cloud hatte plötzlich eine Idee, wie man Iya töten könnte.

„Wir werden ihn in eine Falle locken", verkündete er.

„Wie sollen wir das machen?", fragte Slow besorgt, der sich immer über alles Sorgen machte. „Er ist stärker als alle Männer im Dorf zusammen."

„Das stimmt", gab Cloud zu, „doch er hat eine Schwäche. In den Geschichten war er immer hungrig. Erinnert ihr euch? Das ist seine Schwäche. Wir werden sie ausnutzen, um ihn in eine Falle zu locken. Wir werden ihm etwas zu essen anbieten."

„Du bist verrückt!", erwiderte Slow. „Wir sind sein Essen! Willst du einen von uns opfern?"

„Ja", antwortete Cloud ruhig. „Ich werde mich selbst opfern, ich werde ihn dazu bringen, mich zu jagen, und werde ihn so zur Falle führen."

„Was für eine Falle?"

„Ein Loch. Ein Erdloch, das wir ausheben werden."

„Du *bist* verrückt!", sagte Yellow Hawk. „Wie können wir es schaffen, ein Loch zu graben, das groß genug für Iya ist?"

„Bedeutet dir deine Schwester so viel, dass es dir einen Versuch wert wäre?", fragte Cloud. „Möchtest du ihrem Leid ein Ende bereiten und sie mit nach Hause nehmen? Ich möchte meine Frau zurück. Ich werde alles Notwendige tun, denn ich will nicht ohne sie leben."

Sie besprachen Clouds Idee die ganze Nacht lang. Sechs von ihnen würden ein Loch graben, während zwei von ihnen – Cloud und ein weiterer – Iya in die Falle locken würden. Bei Anbruch des nächsten Tages machten sie sich entschlossen ans Werk.

Sie wählten ein ausgetrocknetes Flussbett in der flachen Ebene als Ort für die Falle, da der Grund dort sandig war und man leicht graben konnte. Rasch fertigten sie Steinäxte an. Um die Männer, die Tag und Nacht würden graben müssen, mit Fleisch zu versorgen, wurden zwei Hirsche getötet. Nachdem mit dem Aushub der Falle begonnen worden war, machten sich Cloud und Yellow Hawk auf die Suche nach dem Riesen. Sie würden ihn so lange beschäftigen müssen, bis das Zeichen für die Fertigstellung der Falle gegeben würde. Dann würden sie ihn hineinlocken.

Sie hielten Iya für dumm und rechneten damit, dass ihnen das zum Vorteil gereichen würde, doch etwas anderes stellte sich als weitaus hilfreicher heraus. Wenn sie in seinem Windschatten liefen, war er leicht auffindbar. Iya roch schlecht, da er nie badete, und wenn der Wind richtig stand, war er selbst in großer Distanz noch gut auszumachen.

Slow und die anderen gruben und gruben. Der Gedanke an ihre Angehörigen, die in Iyas Magen litten, verlieh ihnen Kraft. Die Erde türmte sich zu beiden Seiten des Grabens immer höher, je tiefer sie gruben.

Iya schlief zwei Tage lang fast ununterbrochen. Nachdem er aufgewacht war, irrte er ziellos durch die Prärie. Wo immer er auftauchte, nahmen Tiere und Vögel Reißaus.

Die Tage und Nächte vergingen. Die Männer gruben ohne Unterlass. In der Prärie begann Iya plötzlich mit großen Schritten loszulaufen. Cloud und Yellow Hawk rannten, um mit ihm Schritt zu halten. Sie mussten ihn irgendwie aufhalten.

Um seine Aufmerksamkeit zu erregen, entzündeten sie nach Sonnenuntergang ein Feuer. Als er sich diesem Feuer näherte, entfachten sie einen Bogenschuss entfernt ein weiteres. Mit diesem einfachen Trick gelang es ihnen, Iya wieder zurück in Richtung Westen zu locken. Jedes Mal, wenn er sich dem Feuer näherte, entschwanden sie in der Dunkelheit, um ein weiteres Feuer zu machen. Bei Tageslicht verursachten sie starken Rauch, um seine Aufmerksamkeit zu erregen, indem sie frisches Gras auf die Feuer legten.

Das ging einige Zeit gut, bis Iya sie erblickte. Er war zwar dumm, aber sein Sehvermögen war ausgezeichnet. Überrascht und wütend brüllend stolperte er hinter ihnen her. Der Boden erbebte. Iyas Füße waren wie Felsbrocken, die auf die Erde niederprasselten. Einer seiner Schritte war so groß wie zwanzig der ihren, dennoch gelang es ihnen, Iya auf Abstand zu halten, indem sie manchmal in unterschiedliche Richtungen liefen, um ihn zu verwirren. Es war ein gefährliches Spiel und da sie keine Zeit zum Ausruhen oder Essen hatten, ermüdeten Cloud und Yellow Hawk bald. Sie sprachen sich gegenseitig Mut zu, indem sie einander daran erinnerten, dass sie ihre Frauen retten mussten.

Währenddessen wurde der Graben in der Prärie immer tiefer. Slow und die anderen arbeiteten, bis ihre Finger und Gelenke bluteten. Sie verschlissen mehrere Steinäxte und stellten neue her. Sie verwendeten auch Messer und Speerspitzen. Natürlich konnten sie nicht wissen, wie es Cloud und Yellow Hawk erging oder ob es gelänge, den hässlichen Riesen in die Falle zu locken, aber sie gruben einfach weiter, obwohl es mehrere Sonnenauf- und -untergänge dauerte. Niemand schlief, da der Gedanke an ihre Frauen im Magen des hässlichen Riesen für sie Ansporn war, immer tiefer zu graben.

Schließlich maß Slow die Tiefe des Grabens und stellte fest, dass er so hoch wie fünf aufeinanderstehende Männer war. Er war fertig. Jetzt war es an der Zeit, Cloud und Yellow Hawk ein Zeichen zu geben.

Sie sammelten Treibholz aus einem nahe gelegenen Flussbett und trockenes Buschwerk aus einem Wäldchen, um den Graben damit abzudecken. Dann schichteten sie auf einem der Erdhügel getrocknetes Holz auf und entzündeten das Signalfeuer.

Iya war wieder eingeschlafen, was Cloud und Yellow Hawk die Gelegenheit gab, sich auszuruhen und etwas zu essen. Plötzlich entdeckten sie in der Ferne das Feuer. Sie wussten, was das bedeutete. Slow, Black Fox und die anderen hatten den Graben fertiggestellt!

Yellow Hawks Bein schmerzte sehr. Iya hatte ihn fast erwischt, doch es war ihm gelungen, seiner Umklammerung zu entkommen. Dabei war er in eine Schlucht gestürzt und hatte sich sein Knie verletzt. Cloud hatte Yellow Hawk in einem niedrigen Pflaumendickicht versteckt. Iya, der bei seiner Suche nach ihnen enttäuscht herumgeschrien hatte, wäre mehrmals fast auf sie getreten.

Jetzt war die Falle fertig und Iya musste dorthin gelockt werden. Cloud selbst würde der Köder sein. Yellow Hawk war wütend, dass er ihm nicht helfen konnte, und Cloud musste ihn überzeugen, in seinem Versteck zu bleiben.

Cloud bereitete sich vor. Er betete und brachte Opfergaben dar. Nachdem er sich versichert hatte, dass Yellow Hawk gut versteckt war, folgte er dem wütenden und gefährlichen Iya.

Iya war leicht zu finden, und noch leichter war es, ihn dazu zu bewegen, Cloud zu folgen. Cloud war für ihn eine kleine Nervensäge, die man zerquetschen musste. Mit einem Gebrüll, das wie Donner klang, nahm er die Verfolgung auf. Um am Leben zu bleiben, musste sich Cloud außerhalb der unmittelbaren Reichweite des Riesen aufhalten. Die Jagd dauerte den ganzen Tag. Cloud begann müde zu werden, doch der Gedanke an Plum gab ihm Mut. Vom Gipfel eines Hügels konnte er die riesigen Erdhaufen sehen, die Slow und die anderen aufgetürmt hatten. Iya begann ebenfalls müde zu werden, aber er lief weiter, weil er Hunger hatte. Cloud führte ihn durch die Prärie zur Mündung des Grabens.

Slow und seine Gefährten beobachteten, wie Iya näherkam, und versteckten sich. Wenn die List gelänge und Iya in den Graben stürzte, müssten sie die Stützpfosten lockern, sodass die Erdhaufen in den Graben stürzten. Je näher Iya kam, umso bedrohlicher wirkte er. Dann bemerkten sie, dass jemand vor ihm herrannte. Es war Cloud, und es war nicht zu übersehen, dass er am Ende seiner Kräfte war. Er strauchelte stark und stürzte alle paar Meter. Seine Waffen hatte er weggeworfen, da sie Iya gegenüber nutzlos waren. Cloud war schweißgetränkt und rannte nur noch aus reiner Willenskraft.

Nach jedem Sturz kämpfte er wie wild, um wieder auf die Füße zu kommen und weiterzurennen. Wenn es ihm nicht gelänge, würde der Riese ihn wie ein Insekt mit einem Schlag zerquetschen.

Auf einem grasbedeckten Hügel verlor Cloud den Halt und rutschte den Abhang hinunter. Iyas Hand kam wie ein zu Boden stürzender Baum auf ihn zu. Cloud rollte zur Seite, um nur knapp dem Schicksal zu entgehen, zerdrückt zu werden. Er hatte keine Kraft mehr in seinen Armen und Beinen und sein Verstand war wie betäubt – er war zu erschöpft, um Angst zu haben. Er hatte alles gegeben und konnte nicht mehr. Er schloss seine Augen und wartete darauf, dass Iya ihn töten würde. Plötzlich sah er Plum in ihrem Hochzeitskleid vor sich, mit einem sanften Lächeln auf ihrem schönen Gesicht, ihre dunklen Augen voller Hoffnung und Liebe. Er sah zwei kleine Kinder, einen Jungen und ein Mädchen, die am Ufer des Smoking Earth River spielten. Cloud wusste, dass die Bilder, die er sah, Träume waren, Träume, die Plum in ihm geweckt hatte.

Ganz tief in sich fand er noch ein kleines bisschen Kraft, einen letzten Hoffnungsschimmer, um Plum zu retten und ihrer beider Träume zu verwirklichen. Einen Wutschrei ausstoßend, der wie der erste Schrei eines Neugeborenen klang, rollte er sich unter Iyas ausgestreckten Fingern hindurch und sprang auf.

Die Erde bebte, als Iya nach vorne taumelte. Irgendwie schaffte es Cloud, seine Beine zu bewegen und Iya zu der mit Zweigen bedeckten Falle zu locken. Slow und die anderen schauten mit angehaltenem Atem zu, wie der Riese auf ihr Versteck zustapfte und dabei große Staubwolken aufwirbelte. Cloud erblickte die Zweige über der Öffnung und wusste, dass er seine Füße vorsichtig bewegen musste. Hinter ihm drohte Iyas verzerrtes Maul, dessen Öffnung so groß wie ein Haus war und Iyas gelbe Zähne zum Vorschein brachte. Iyas lange dunkle Mähne umgab seinen Kopf wie schwarzer Rauch.

Cloud hatte den bedeckten Graben zur Hälfte überquert, als er Slows Triumphschrei hörte, der alsbald von Iyas Überraschungsschrei und einem lauten Krachen verschluckt wurde. Cloud sprang von den Zweigen auf den festen Boden, nur einen Herzschlag, bevor sie nachgaben. Iya war viel zu schwer für die Zweige. Sie brachen unter seiner Last zusammen und er fiel in den Graben.

Mit einem dumpfen Laut schlug Iya auf den Boden auf und war gefangen. Staub wirbelte nach oben, als er versuchte, sich zu befreien, und seine ohrenbetäubenden Wutschreie erfüllten die Luft.

Slow zog Cloud hoch in Sicherheit und gab Black Fox das Signal, die Pfosten zu entfernen, hinter denen die Erdhaufen aufgeschichtet waren. Die Erde rutschte in den Graben. Eine riesige Staubwolke stieg auf. Iyas Gebrüll verwandelte sich in ängstliches Gewinsel. Er streckte seinen freien Arm nach oben und klammerte sich mit einer Hand an den Rand des Grabens. Seine Beine waren jedoch fest gefangen, sodass er sich nicht befreien konnte. Er kämpfte mit aller Macht und hustete, da sein Kopf von Staub umgeben war. Bald wurden seine Anstrengungen schwächer, und er hörte auf zu husten. Sein Arm zuckte ein letztes Mal, und Stille senkte sich über das Land.

Ein humpelnder Yellow Hawk trat hervor, und die jungen Männer starrten alle mit offenem Mund auf den toten Riesen. Sie hatten ihn besiegt, aber sie konnten sich nicht richtig freuen und den Sieg genießen. Cloud griff ein Messer, sprang in den Graben hinab und begann, Iyas Bauch aufzuschneiden. Das war alles andere als eine angenehme Aufgabe. Ein übler Gestank und grüngelber Schleim traten aus.

Cloud rief um Hilfe, als er hineinfasste und den Leib eines Mädchens herauszog, das mit Schleim bedeckt und mehr tot als lebendig war. Aber sie lebte! Für die anderen bestand also Hoffnung. Mit einem Triumphschrei sprangen die sieben anderen jungen Männer in die Grube, während Cloud die Öffnung vergrößerte und auf noch mehr Leiber stieß.

Die jungen Frauen und Mädchen waren bewusstlos, aber sie waren alle am Leben. Die jungen Männer zogen sie aus dem Magen des Riesen, hievten sie aus dem Graben und brachten sie rasch zum nahe gelegenen Bach. Im kalten Wasser kamen sie langsam wieder zu Bewusstsein und wurden gesäubert.

Plums Sinne erwachten wieder. Sie spürte, wie die sanften Hände ihres Mannes ihr Gesicht wuschen, und sie weinte vor Freude. An diesem Tag wurden viele Freudentränen vergossen.

Die jungen Männer füllten den Graben, um Iyas Körper zu bedecken. Die Erde türmte sich immer höher auf, bis sie zu einem Hügel angewachsen war. Nach einiger Zeit wuchsen Gras und Kakteen darauf.

Cloud und Plum wurden gemeinsam alt. Sie zogen in dieser Zeit zwei Kinder auf – einen Jungen und ein Mädchen – und konnten sich des Lachens mehrerer Enkel erfreuen. Cloud trug viele Winter lang die blaue Decke des Häuptlings, die der alte Red Calf ihm übergeben hatte. Die Menschen leisteten ihm Gefolgschaft, weil sie wussten, dass er ebenso weise wie tapfer war.

Bei abendlichen Sommerstürmen versammelte Plum ihre Enkel um sich und erzählte ihnen die Geschichte vom schrecklichen, hässlichen Riesen. Die Kleinen fragten Großmutter Plum, ob es Riesen in Wirklichkeit gäbe, aber sie lächelte nur – geheimnisvoll. Großvater Cloud tat es ihr gleich.

Jener Sommer der vielen Stürme liegt sehr lange zurück, in der Zeit, bevor es Pferde gab. Cloud, Yellow Hawk, Black Fox und all die anderen existieren nur noch in den Geschichten. Das gilt auch für Iya. Aber es gibt einen lang gestreckten Hügel, der mit Gras und Kakteen bedeckt ist und von Osten nach Westen verläuft. Viele Menschen fahren jeden Tag daran vorbei. Für die meisten ist er nur ein Hügel. Einige von uns erinnern sich jedoch an die Geschichte des Sieges über Iya. Wir wissen, dass der Hügel sein Grab ist. Und in unserem Herzen spüren wir, dass er durch Liebe, Mut und Ausdauer errichtet wurde – und von Riesen.

Die Bedeutung der acht Meilen

In den 1930er Jahren arbeitete mein Großvater Albert Two Hawk für den Civilian Conservation Corps (CCC; freiwilliger Arbeitsdienst). Er war damals fast fünfzig Jahre alt und Mitglied eines Bauarbeiterteams, das einen neuen Damm errichtete. Um zur Arbeit zu kommen, stand er jeden Morgen um vier Uhr auf, ging acht Meilen bis zu seiner Arbeitsstelle und war dann den ganzen Tag auf den Beinen, weil er ein vier Fuß breites Fuhrwerk steuern musste (es war eher wie ein Ringkampf), das von vier Pferden gezogen wurde. Wenn sein Tagewerk verrichtet war, spannte er die Pferde aus, gab ihnen Wasser und Futter und führte sie in ihren Stall. Und dann ging er acht Meilen zurück nach Hause. Das war sein Alltag, sechs Tage die Woche, mehrere Monate lang.

Als ich fünf Jahre alt war – und er 62 –, beobachtete ich, wie mein Großvater eine Blockhütte fast ganz alleine und nur mit einfachstem Werkzeug errichtete. Das war wohl das erste Mal, dass ich dachte, mein Großvater könne einfach alles. Im Rückblick ist wahrscheinlich jeder, der ein Haus bauen kann, während ihm ein Fünfjähriger im wahrsten Sinne des Wortes zu Füßen liegt, in der Lage, Wunder zu vollbringen.

Mein Großvater war ein Mann mit vielen Talenten. Er konnte perfekt mit der Axt, der Bügelsäge, dem Hammer und dem Schlachtermesser umgehen. Er konnte schneller als jeder andere einen Hirsch oder ein Rind häuten und zerlegen und Brot über dem offenen Feuer zubereiten. In dieser Hinsicht war er wie viele andere Lakota-Männer seiner Zeit. Doch es gab etwas, wodurch er sich von den anderen abhob. Mein Großvater besaß etwas, was nicht von Können oder von Stärke abhängt: Er wusste, wie man beharrlich durchhält. Mein Großvater verfügte sicherlich über die notwendigen Fähigkeiten für seine Arbeit beim CCC. Er konnte beispielsweise mit Pferden umgehen und scheute sich nicht vor harter Arbeit. Der eine Dollar, den er während der Weltwirtschaftskrise schätzungsweise am Tag verdiente, trug viel zur Unterstützung seiner Familie – meiner Großmutter, meiner Mutter, meines Onkels – bei. Aber acht Meilen zur Arbeit zu laufen, neben den vielen, vielen Meilen bei der Arbeit, und dann wieder acht Meilen zurück nach Hause zu gehen – nur um am nächsten Tag das Gleiche zu tun –, das erforderte mehr als Können oder Körperkraft.

Ich kann mir die bleierne Müdigkeit nicht vorstellen, die er jede Nacht gefühlt haben muss. Meine Großmutter erzählte, dass er nach Hause kam, aß und ins Bett fiel. Es ist eine Sache, der Müdigkeit am Ende eines anstrengenden Tages zu erliegen, es ist jedoch eine ganz andere, am nächsten Morgen wieder vor Tagesanbruch aufzustehen und sich zu überwinden, das Ganze noch einmal zu tun. Und hier kommt die Beharrlichkeit ins Spiel.

Beharrlichkeit erwächst aus dem Geist – wie ein schlafender Riese –, wenn wir an unsere physischen Grenzen oder auf ein Hindernis stoßen, das uns sagt, dass wir etwas nicht können oder nicht sollen. Beharrlichkeit steigert unsere Stärke und unsere Fähigkeiten, weckt unsere Entschlossenheit, ermöglicht es uns, unsere Grenzen zu überschreiten, und sie drängt uns, genug Einsatz zu zeigen, um trotz Ermüdung, Schmerz oder Verzweiflung weiterzumachen, ehrgeizig zu sein und nach etwas zu streben.

Ich bin sicher, dass es in jenem Sommer, als mein Großvater für den CCC arbeitete, Momente gab, in denen er sich fühlte, als ob er gegen einen Riesen kämpfen würde. Zu jener Zeit war er noch in körperlicher Höchstform und er war ein sehr starker Mann. Doch es war mehr als die körperliche Stärke, die ihn nicht aufgeben ließ.

Natürlich hatte er eine ausreichende Motivation, die ihn Tag für Tag antrieb. Er hatte eine Familie. Doch auf jede Geschichte von einem Mann (oder einer Frau), der für seine Familie Opfer bringt, kommen eine oder mehrere Geschichten von Menschen, die ihre Familie verlassen und sich nie wieder blicken lassen. Was ist der Unterschied? Was unterscheidet einen Menschen, der sich für seine Familie aufopfert, von demjenigen, der sie verlässt? Die Liebe zur Familie, Selbstlosigkeit oder Verantwortungssinn? Man kann mit Sicherheit sagen, dass sowohl derjenige, der sich für seine Familie aufopfert, als auch derjenige, der sie verlässt, Vorbilder hatte. Aller Wahrscheinlichkeit nach hatten der Mann oder die Frau, die Opfer für ihre Familie brachten, jemanden in ihrem Leben, der ihnen als Beispiel für Verantwortung oder Beharrlichkeit diente. Vielleicht hat er oder sie einmal eine Geschichte gehört, die davon handelt, wie man einen Riesen besiegt.

Die Wahrheit ist, dass jeder beharrlich sein kann. Doch warum ist Beharrlichkeit eine unerlässliche Tugend? Weil sie manchmal, vielleicht zu oft, die einzige Antwort ist, die einzige Möglichkeit, die einem bleibt. Mein Großvater musste durchhalten, damit die Familie äußerst schwere Zeiten überstehen konnte. Wer diente ihm als Vorbild? In gewissem Sinne war er von Beispielen an Beharrlichkeit umgeben. Sein Volk musste überleben, jedes einzelne Individuum und die ganze Gruppe, indem sie die letzte ihnen zur Verfügung stehende Waffe zum Einsatz brachten – Beharrlichkeit.

Als mit dem Tod von Sitting Bull die letzte Möglichkeit zum Widerstand verschwand, war ein Leben unter weißer

Kontrolle in den Reservaten die einzige Überlebenschance. Unseren Vorfahren blieb nur noch die Möglichkeit, sich ins Innere zurückzuziehen und tagein, tagaus, ein Jahr ums andere und von einer Generation zur nächsten durchzuhalten.

Unter diesen Umständen beharrlich durchzuhalten hieß, dafür Sorge zu tragen, dass unsere Sprache, unsere Traditionen, Bräuche und Werte, also all das, was uns als Lakota ausmacht, so lange wie möglich erhalten blieben. Da die erste Generation der Lakota, die mit dem Leben in den Reservaten zurechtkommen musste, sich nicht mehr auf dem Schlachtfeld verteidigen konnte, kämpfte sie mit der einzigen ihnen zur Verfügung stehenden Waffe: mit spiritueller Stärke. Diese spirituelle Stärke, die Bereitschaft, trotz erzwungenen Wandels beharrlich durchzuhalten, ermöglichte es uns Lakota nicht nur, selbstständig zu bleiben, sondern auch, auf den Schultern der früheren Generationen zu stehen – jener, die gegen Riesen kämpften und uns lehrten, beharrlich zu sein.

Ich fragte meinem Großvater, nachdem ich endlich all meinen Mut zusammengenommen hatte, nach seinen Erfahrungen beim Dammbau und wie es ihm gelungen war, diesen Riesen zu bezwingen. Er sagte, dass er damals keine andere Wahl gehabt hätte, und dann erzählte er mir die Geschichte vom faulen Mann.

Die Geschichte vom faulen Mann

Es war einmal ein Mann, dem es Schwierigkeiten bereitete, Sachen selbst zu erledigen. Aus Sorge um ihn nahm ihm seine Familie alles ab. Doch das machte die Sache nur noch schlimmer. Nach einiger Zeit konnte oder wollte der junge Mann nicht mehr aus dem Bett aufstehen. Schließlich wurde es ihm auch zu viel, seinen Löffel selbst zum Mund zu führen, sodass seine Schwester ihn füttern musste. Die Jahre vergingen und aus dem jungen Mann wurde ein Erwachsener, der so hilflos war wie ein Kind. Er musste gebadet, angekleidet und natürlich jeden Tag gefüttert werden. Als seine Eltern in die Jahre kamen, fiel es ihnen zunehmend schwer, ihn zu pflegen. Seine jüngere Schwester schlug alle Heiratsangebote aus, um sich um ihren faulen Bruder kümmern zu können. Denn das war seine Haupteigenschaft, er war einfach nur faul. Irgendwann starben die Eltern des faulen Mannes, und er beschloss, dass es das Beste für seine Schwester sei, wenn er sich zu seiner Grabstelle tragen ließe und dort auf seinen Tod wartete.

Das ganze Dorf war sich einig, dass dies das einzig Ehrenhafte sei, was er tun könne, sodass seine Schwester schließlich unter Tränen zustimmte. Als er am vereinbarten Tag zu seinem Grab gebracht wurde, stellte sich ein verzweifelter Angehöriger den Sargträgern entgegen. Um den Mann davon abzuhalten, sich umzubringen, bot er als Geschenk mehrere Armvoll Mais an. Der faule Mann fragte, ob der Mais geschält sei. Die Antwort lautete nein. „Dann", sagte der faule Mann zu seinen Sargträgern, „geht weiter."

3. RESPEKT

Wawoohola (Wah-wo-o-ho-lah) –
Aufmerksam sein, etwas wertschätzen

Die Geschichte von der Hirschfrau

Ich habe die Hirschfrau selbst nie gesehen, aber ich habe von einem Mann gehört, der sie erblickt hatte. Meine Großmutter kannte jenen Mann – in ihren Worten ein junger Mann. Er war immer rastlos. Er brachte seiner jungen Frau keine Aufmerksamkeit entgegen, da er immer auf der Suche nach der Hirschfrau war. Das könne mir auch passieren, wenn ich nicht aufmerksam wäre, warnte sie mich.

Niemand, den ich heute kenne, hat die Hirschfrau je gesehen. Man könnte annehmen, das liege daran, dass wir Lakota heutzutage zu modern sind und unser alter Glaube verwässert ist. Vielleicht weiß die Hirschfrau, dass wir sie nicht respektieren würden, wenn sie sich heutzutage zeigte. Trotzdem glaubte ich, wenn ich auf der Jagd war, dass ich sie vielleicht sehen würde. Als ich ein junger Mann war, gab es noch immer einsame Landstriche, bevor Farmen und Viehweiden sich ausbreiteten. Es gab ruhige, von Eichen und Pappeln gesäumte Flusstäler und offene Prärien, auf denen sich außer dem Wind nichts bewegte – jene Art von Landschaft, in der sich die Hirschfrau einem einsamen Jäger gerne zeigt.

Man kann sich vorstellen, wie man in einer bestimmten Situation handeln wird, aber wenn die Situation dann wirklich eintritt, ist es nie so, wie man es sich vorgestellt hatte. Deshalb weiß ich nicht, wie ich auf das Erscheinen der Hirschfrau reagieren würde. Ich würde gerne glauben, dass ich das Richtige täte, das heißt, dass ich ihr nicht nachgeben würde, wie in der Geschichte des anderen jungen Mannes, die mir meine Großmutter einst vor langer Zeit erzählte. Ich habe den Namen des jungen Mannes vergessen, also nennen wir ihn einfach *Koskalaka* (ko-schkah-lah-kah), was „junger Mann" auf Lakota bedeutet.

Als Koskalaka ein kleiner Junger war, lebte er bei seiner Großmutter. Sein Großvater war gestorben, und deshalb hatten seine Eltern beschlossen, dass er bei seiner Großmutter aufwachsen sollte. Er musste nicht weit wegziehen, denn ihre Hütte stand gleich neben der seiner Eltern.

Der Junge half seiner Großmutter im Haushalt, doch hauptsächlich half er ihr dabei, sich nicht einsam zu fühlen. Dafür erzählte sie ihm Geschichten und brachte ihm das Kochen, das Nähen und andere Dinge bei. Die Geschichten liebte er am meisten – die Geschichte, wie die Menschen durch ein Loch in der Erde auf die Welt gekommen waren, oder die von der Weißen Büffelkalbfrau, die den Menschen die Pfeife gebracht und sie viele gute Dinge gelehrt hatte, und die von den starken Kriegern seiner Familie. Es waren so viele Geschichten, dass er sich fragte, ob er sie alle würde behalten können.

Eines Abends inmitten eines langen Winters, als draußen der Schnee hoch lag und der Wind heulte, erzählte die alte Frau ihrem Enkel die Geschichte von der Hirschfrau.

„Enkelkind", begann sie, „ich muss dir etwas erzählen." So begannen die Alten immer ihre Geschichten. „Du lernst, wie man ein Jäger wird, und ein Jäger zu sein ist eine gute Sache. Ein guter Jäger versorgt seine Familie mit Nahrung und guter Kleidung. Ich weiß, dass du einmal ein guter Jäger sein wirst, und ich weiß auch, dass du oft allein auf die Jagd gehen wirst. Wenn du allein auf der Jagd bist, gibt es etwas, vor dem du dich in Acht nehmen musst, abgesehen von Tieren wie dem Bären und dem Puma, die dich verletzen können, oder von Feinden, die gelegentlich in unser Land eindringen.

Manchmal besteht die Gefahr in der Wildnis nicht nur darin, dass du körperlich zu Schaden kommst und verletzt wirst. Manchmal besteht auch Gefahr für deine Seele. Jene körperlichen Schäden und Verletzungen können heilen, aber beim Geist verhält es sich anders. Wenn dein Geist verletzt wird, kann er manchmal nicht mehr heilen.

Mein Mann, dein Großvater, erzählte mir etwas, von dem ich schon als kleines Mädchen gehört hatte – dass es da draußen etwas gibt, das stets auf Jäger wartet. Er erzählte mir, dass er es sah, als er ein junger Mann war, noch bevor er mein Ehemann wurde. Vielleicht wirst du es auch einmal sehen.

Die Hirschfrau wartet dort draußen, Enkelsohn. Wenn du ein junger Mann und Jäger bist und du da draußen ganz alleine umherstreifst, wird sie sich dir vielleicht zeigen. Wenn du müde und hungrig und weit weg von zu Hause bist und deine Jagd wenig erfolgreich war, wird sie dich vielleicht aufsuchen.

Sie ist die schönste Frau, die je ein Mensch gesehen hat. Diejenigen, die sie sahen, sagen das. Ihr glänzendes Haar reicht ihr bis an ihre Fußknöchel, ihre Augen sind groß und funkeln verlockend und ihr Lächeln kann den stärksten Mann in einen dummen Jungen verwandeln.

Sie hat ihren Wigwam, in dessen Innern ein Feuer lodert und der mit weichen Decken geschmückt ist, immer ganz in der Nähe aufgeschlagen. Sie wird dich auf einen Tee einladen und dir anbieten, dich auszuruhen.

Geh nicht in ihre Nähe, Enkelsohn. Geh nicht in die Nähe ihres Wigwams. Einige Männer haben es getan, und sie hat ihnen die Seele geraubt. Sie gingen mit ihr in ihren Wigwam und ruhten sich aus. Sie schliefen mit ihr, als wären sie mit ihr verheiratet. Als sie erwachten, waren sie alleine. Der Wigwam war verschwunden, sie war verschwunden. Sie hatten sich mit ihr eingelassen, sie hatten mit ihr, der schönsten Frau, die sie je gesehen hatten, geschlafen. Und sie konnten nur noch an sie denken.

Wenn dies einem Mann widerfährt, einem jungen oder alten, vergisst er seine Familie und macht sich auf die Suche nach ihr, der Hirschfrau. Doch wo immer er auch sucht, er wird sie niemals finden. Wie weit er auch reist, er wird sie niemals wiedersehen. Ein solcher Mann, der sich auf die Suche nach der Hirschfrau macht, wird sich einreden, dass er dies tut, weil sie so schön ist, dass er sie einfach haben muss. Aber in Wirklichkeit ist er auf der Suche nach seiner Seele, die sie ihm genommen hat. Ein Mann, der mit ihr geschlafen hat, wird nie mehr derselbe sein, er wird nie mehr zur Ruhe kommen.

Also, wenn du eines Tages ein junger Mann sein wirst, Enkelsohn, und weit weg von zu Hause auf die Jagd gehst und dir die schönste Frau begegnet, die du je gesehen hast, musst du dich abwenden. Wenn du mit ihr gehst, wird sie dir zu Gefallen sein und dir Vergnügen bereiten, aber sie wird dir auch deine Seele rauben und du wirst sie niemals wiederbekommen. Es wird vielleicht die schwierigste Sache sein, die du je in deinem Leben meistern musst, aber du musst dich von ihr abwenden."

Aus Koskalaka wurde ein guter Jäger. Er wurde sogar der beste Jäger des Dorfes. Er versäumte es nie, für seine Familie und die Bedürftigen zu sorgen. Man sagte von ihm, dass, wenn er das Dorf verließ, um auf die Jagd zu gehen, zwei Dinge ganz sicher seien: Er würde nie mit leeren Händen zurückkehren, und er würde viele Tage lang unterwegs sein.

An einem Tag im Herbst, kurz nachdem seine Großmutter gestorben war, bereitete sich Koskalaka auf die Jagd vor. Er teilte seinen Eltern mit, dass er zusammen mit drei anderen Jägern aufbreche und sie länger als sonst wegbleiben würden, da es ein trockener Sommer gewesen war und sich die Tiere näher am Fluss weit im Norden aufhielten.

Die Jäger erreichten den großen Fluss und schlugen ihr Lager auf. Sie jagten in den tiefen Schluchten und Klüften, die von den Flussufern aufstiegen. Sie hatten Erfolg, doch sie mussten alle Jagdtechniken anwenden, die sie kannten, da die Hirsche und Elche nicht so zahlreich wie sonst waren und besonders aufmerksam zu sein schienen. Da die Jäger weit weg von zu Hause waren, mussten sie auch das Fleisch der Tiere, die sie getötet hatten, trocknen. Mit der Zeit wurden sie müde und sehnten sich danach, wieder nach Hause zu kommen.

Eines Abends kurz vor Sonnenuntergang war Koskalaka der Spur eines Elchbullen gefolgt, um in Erfahrung zu bringen, welchen Weg das Tier jeden Tag benutzte. Er war sicher, dass er das Tier am nächsten Tag erlegen könnte, wenn er ihm an der richtigen Stelle auflauerte. Als er zurück zum Jagdlager ging, stieg ihm der Rauch eines Feuers in die Nase. Er beschloss nachzusehen, ob Feinde in der Gegend waren. Als er sich entlang einer weiten Schlucht vorsichtig vortastete, stieß er auf ein einsames Tipi, das in einem Eichenwäldchen stand. Es war ein schönes, aber kleines Zelt und Koskalaka fragte sich, ob noch andere zu den großen Flusstälern gekommen seien, um zu jagen.

Als der das Tipi beobachtete, um zu sehen, wer dorthin zurückkehren würde, kam eine Frau heraus und blickte in seine Richtung. Er wartete ab, aber er konnte weit und breit niemanden außer ihr sehen. Die Frau winkte und näherte sich dem Pflaumendickicht, in dem er sich versteckt hatte, bis sie ganz nah war.

„Du musst sehr müde sein." Ihre Stimme klang sanft und beruhigend. Koskalaka trat aus dem Dickicht hervor und ein Schauer lief ihm über den Rücken. Vor ihm stand die schönste Frau, die er je in seinem Leben gesehen hatte. In seinem kleinen Dorf gab es etliche schöne Frauen, doch deren Schönheit verhielt sich zu dieser wie die trübe Glut eines Lagerfeuers zum strahlenden Glanz des Mondes.

„Ich habe Feuer gemacht, in meiner Hütte ist es warm und es gibt Decken, auf denen du dich ausruhen kannst. Komm", sagte sie. Ihre Augen waren verlockend und voller Verheißungen, die für einen jungen Mann unmissverständlich waren.

Koskalaka wusste natürlich, wer sie war. Nur wenige Schritte vor ihm stand die Hirschfrau. All die Geschichten, die er gehört hatte, waren wahr. Sie war so schön, dass er seine Augen nicht von ihr lassen konnte. Ihr Haar war schwarz wie die Nacht und reichte bis zu ihren zierlichen Fußknöcheln hinab. Ihre Hände waren klein und grazil. Ihre Augen waren dunkelbraun und sehr groß und wurden von dichten, langen Wimpern gesäumt. Ein Mann konnte sich in ihnen verlieren. Ein zartes Lächeln umspielte ihre vollen Lippen. Und da war ein leichter Duft von Rosenblättern, so als ob ihr schön gegerbtes Kleid mit Blumen eingerieben sei.

„Ich weiß, dass du müde bist", sagt sie lächelnd. „Komm in mein Zelt und ruh dich aus."

Koskalaka zitterte. Er spürte, dass dieses Wesen vor ihm etwas Besonderes war. Er hatte Angst, aber er war auch versucht. Er wollte ihr folgen und mit ihr in die Hütte gehen.

Sie drehte sich um und entfernte sich ein paar Schritte, wobei ihr schlanker Körper sich hin und her wiegte und ihr langes Haar sich im Einklang mit den Fransen ihres Kleides bewegte. Sie hielt inne und wandte sich Koskalaka zu. „Du bist ein starker und ein guter junger Mann", murmelte sie. „Ich suche nach einem Mann wie dir. Komm."

Koskalakas Beine schienen ein Eigenleben zu führen. Bevor er wusste, wie ihm geschah, ging er in Richtung der Hirschfrau und seine Hand griff nach ihrer ausgestreckten Hand. Doch einen Augenblick, bevor seine Hand die ihre berührte, hielt er inne.

„Nein!", rief er und zog seine Hand zurück. „Ich werde nicht mit dir mitgehen."

„Doch, du musst", antwortete sie. Ihre Stimme klang sanft und tief, wobei ihre Augen keinen Zweifel aufkommen ließen, was sie damit meinte. „Ich brauche dich."

Koskalaka war ein starker Mann mit einem starken Körper und einem starken Willen. Er brauchte seine ganze Kraft, um sich von der Hirschfrau abzuwenden. Eine Stimme in seinem Kopf half ihm dabei – eine Stimme, die ihm sagte: „Es wird vielleicht die schwierigste Sache sein, die du je in deinem Leben meistern musst, aber du musst dich von ihr abwenden."

„Nein", wiederholte Koskalaka, „ich werde nicht mit dir mitgehen. Meine Großmutter sagte mir, dass ich mich von dir abwenden müsse. Ich werde nicht mit dir mitgehen, lass mich in Ruhe."

Das schöne Gesicht der Hirschfrau verzog sich rasch zu einem spöttischen Lächeln. Sie stampfte mit den Füßen auf und schnaubte. Ihr Mund bewegte sich, aber sie konnte nicht sprechen.

Plötzlich kam ein kalter Wind auf, der die Blätter der Bäume in der Schlucht erzittern ließ. Koskalaka bekam Angst und rannte los. Die Blätter flogen überall um ihn herum, und er vernahm ein pfeifendes Schnauben, so wie es die Hirsche tun, wenn sie Gefahr wittern. Als er sich umsah, erblickte er an der Stelle, wo die Hirschfrau gestanden hatte, eine Hirschkuh. Es war ein weiblicher Schwarzwedelhirsch, der einen dunklen Streifen auf der Stirn hatte. Er hatte noch nie so einen schwarzen Streifen auf dem Gesicht eines Hirschs gesehen. Koskalaka fiel noch etwas auf. Das Zelt der Hirschfrau war verschwunden.

Der Hirsch senkte seinen Kopf zum Angriff. Koskalaka spannte Pfeil und Bogen und visierte sein Ziel genau an. Der Hirsch drehte sich schnell um und verschwand in einer Essigbaumböschung. Koskalaka traf nie wieder in seinem Leben auf einen solchen Hirsch, obwohl er immer nach ihm – nach ihr – Ausschau hielt. Solange er lebte, bekam er die Hirschfrau nicht mehr zu Gesicht.

Koskalaka kehrte in sein Jagdlager zurück und erzählte

seinen Begleitern, was geschehen war. Er erzählte ihnen, dass er die Hirschfrau gesehen hatte. Sie glaubten ihm, da er sich irgendwie verändert hatte. In seinen Augen war ein Ausdruck von Entschlossenheit.

„Wir müssen eine Schwitzhütte errichten und beten", sagte er ihnen. Das taten sie und errichteten eine runde niedrige Hütte aus Weidenzweigen, die sie mit Hirsch- und Elchhaut bespannten. In dieser Nacht erhitzten sie Steine, um sich durch das Schwitzen zu reinigen und um zu beten, dass gute Dinge geschehen würden.

In den folgenden Tagen war die Jagd gut, sie war sogar sehr gut. Schon bald hatten sie sehr viel Fleisch, das sie nach Hause bringen konnten.

Lange nach dieser Begegnung machte Koskalaka einer jungen Frau aus einem anderen Dorf den Hof und gewann ihre Liebe. Sie heirateten und hatten einen Sohn und eine Tochter. Im Laufe der Jahre war aus Koskalaka nicht nur der beste und geschickteste Jäger seit vielen Generationen geworden, sondern auch ein tapferer Krieger und Häuptling. Die Männer waren gewillt, ihm auf dem Kriegspfad oder auf die Jagd zu folgen, da er ein ruhiges Wesen und geistige Stärke besaß. Als er älter wurde, nahm er seinen Platz im Ältestenrat ein, wo er für seine Weisheit und seine guten Ratschläge bekannt war.

Die Hirschfrau konnte Koskalaka aus einem Grund nicht in die Irre führen: Koskalaka liebte und respektierte seine Großmutter. Und weil er dies tat, erinnerte er sich in jenem schrecklichen Augenblick, als die Hirschfrau ihn fast ergriffen hätte, an ihre Worte. Wenn er seine Großmutter nicht respektiert hätte, hätte er sich nicht daran erinnert, was sie ihm gesagt hatte.

Vielleicht erscheint die Hirschfrau einsamen Jägern nicht mehr. Oder vielleicht tut sie es doch, aber auf eine andere Art. Ich weiß nur eines: Man ist nie zu alt, um sich an die Dinge zu erinnern, die einem die Großmutter beigebracht hat. Es ist nie zu spät, den Bräuchen der Vorfahren Ehre zu erweisen. Es ist nie zu spät, um sich daran zu erinnern, was einem die Großmutter einst sagte.

Die Vergegenwärtigung von Respekt

Respekt kann manchmal lebensrettend sein, wie in der Geschichte von dem jungen Jäger, der den Reizen der Hirschfrau widerstand. Respekt rettete auch einem jungen Crow-Krieger das Leben, dem es gelungen war, sich in ein Lager der Lakota zu schleichen, um ein Pferd zu stehlen.

Der Crow-Krieger war jung und begierig, sich zu beweisen. Er hatte sich in der Nähe des Lakota-Lagers versteckt und wartete auf den Einbruch der Dunkelheit, weil er wusste, dass die besten Pferde für den Krieg und für die Büffeljagd nachts nahe den Eingängen der Wigwams angebunden wurden. Als es dunkel genug war, schlich er in das Lager und arbeitete sich vorsichtig zu einem bestimmten Zelt vor, an dem ein schwarzes Kriegspferd angebunden war. Er war so geschickt und leise, dass kein einziger Hund aus dem Lager seine Gegenwart bemerkte, als er den Führstrick des Pferdes durchtrennte. Ihm war aber nicht bewusst, dass zwei Lakota-Wachen ihn entdeckt und jede seiner Bewegungen verfolgt hatten. Mit gespannten Bogen warteten sie darauf, dass er die Grenze des Lagers erreichte. Dort angekommen, würden sie ihn erschießen und das Pferd zurückbringen.

Als der Crow so ungezwungen wie möglich durch das Lager ging, trat unerwartet eine alte Frau aus einem der Wigwams. Sie eilte zu einem Holzstapel und nahm ein Holzbündel, so groß, dass sie es kaum tragen konnte. Als der junge Crow die Zwangslage der alten Frau bemerkte, eilte er ihr sofort zu Hilfe und trug das Feuerholz für sie. Er hatte natürlich selbst eine Großmutter, die er bewunderte und respektierte. Als er seine Arbeit erledigt hatte, entdeckte er die zwei Lakota-Wachen, die, mit gespannten Bögen und auf seine Brust zielend, auf ihn warteten. Doch anstatt ihn zu töten, nahmen sie das fast gestohlene Pferd wieder an sich, entwaffneten den Crow und begleiteten ihn bis zur Dorfgrenze. Dann ließen sie ihn frei, damit er in sein Dorf zurückkehren konnte. Respekt gegenüber Älteren war bei den Stämmen der Prärie weit verbreitet.

Respekt zeigt sich auf vielerlei Arten. Die Existenzgrundlage der Lakota, wie auch die anderer Indianerstämme der Prärie, hing sehr vom *Tatanka*, dem Bison, ab. Ein Reichtum an Bisons bedeutete Macht und Wohlstand, und die Lakota waren dankbar für diesen Reichtum. Die Bisonjagd wurde sorgfältig vorbereitet und es wurden Zeremonien durchgeführt, um das Bison um sein Fleisch zu bitten. Nach der Jagd dankten die Jäger den Tieren respektvoll für ihr Leben und baten sie auch um Verzeihung. Doch das war noch nicht alles. Als weiteren Beweis ihres Respekts verwandten die Lakota jeden Teil des Bisons. Die Häute dienten als Winterkleidung und als Planen für die Tipis. Aus den Hörnern wurden Tassen, Kellen und Löffel hergestellt. Die Sehne – die Achillessehne – wurde getrocknet und als Faden und Bogensehne verwendet. Die Hufe wurden gekocht, um daraus Klebstoff herzustellen, und das Haar wurde zu Stricken, Seilen und Ähnlichem verflochten. Nichts wurde vergeudet. Als letzter Akt von Respekt sorgte ein Lakota, wann immer er oder sie auf einen Bisonschädel traf, dafür, dass er in Richtung Osten blickte, damit ihn die aufgehende Sonne traf. So war der Geist des Tieres im Einklang mit dem Rhythmus des Lebens.

Wir Lakota achten aber nicht nur die Natur und die Wesen, die in ihr und mit uns leben, wir achten auch unsere Mitmenschen.

Meine Großeltern gaben mir vielerlei Anlass, um sie zu achten, für das, was und wer sie waren und immer noch für mich sind. Durch sie hat die Geschichte von Koskalaka und der Hirschfrau eine besondere Bedeutung für mich bekommen. Ich habe die Hirschfrau nie wirklich gesehen, aber im übertragenen Sinne hat sie meinen Weg ein- oder zweimal gekreuzt. Koskalaka widerstand ihr, weil er tiefen Respekt für seine Großmutter empfand, und ich kann mich in der Tat damit identifizieren. In meiner frühen Kindheit kam es zu einer Begebenheit, in der meine Großeltern mir eine Lektion über Respekt erteilten, ohne ein Wort zu sagen. Sie hatten ihre Hilfe beim Reinigen einer alten Dorfkirche angeboten. Eines frühen Morgens fuhren wir mit unserem Pferdewagen dorthin und verbrachten den ganzen Tag mit der Arbeit in der Kirche. Wir schrubbten die Böden, scheuerten, wischten Staub und putzten die Fenster. Das waren noch die leichtesten Arbeiten. In einer Ecke des Gebäudes hatte sich ein Bienenschwarm niedergelassen, der für Zweibeiner natürlich gefährlich werden konnte. Mein Großvater machte vor dem Gebäude in der Nähe der Ecke ein Feuer und legte frisches Gras darauf, um starken Rauch zu entfachen. Zu meinem Erstaunen vertrieb der Rauch die Bienen aus ihrem Bienenstock, wenngleich sie über die Störung nicht gerade erfreut waren und mein Großvater mehrmals gestochen wurde. Einige der Bienen fanden den Weg ins Gebäudeinnere und bildeten am Fenster eine Traube. Meine Großmutter sammelte sie mit der Hand ein und ließ sie durch die Tür hinaus in die Freiheit. Obwohl sie mehrmals gestochen wurde, gelang es ihr, alle einzufangen, ohne eine einzige zu töten oder zu verletzen.

Als der Priester erfuhr, was geschehen war, schalt er sie und gab ihnen ummissverständlich zu verstehen, dass sie großzügige Mengen an Pestiziden hätten verwenden sollen, um die Tiere damit zu töten. „Schließlich sind es nur Insekten", sagte er. Jener Vorfall war in vielerlei Hinsicht die schmerzhafteste Lektion, die mir meine Großeltern erteilten: eine Lektion, an die ich mich jedes Mal erinnere, wenn ich eine Biene sehe.

4. EHRE

Wayuonihan (wa-ju-o-nii-han) –
Redlich sein, einen ehrlichen und aufrechten Charakter haben

Die Geschichte von der Schlange

Die Alten pflegten zu sagen, dass es viele sonderbare und rätselhafte Dinge auf dieser Welt gibt. Sie wussten das aus Erfahrung, denn sie hatten viele wundersame, lustige, mächtige und unbedeutende Dinge gesehen. Doch alles hat seinen Zweck, sagten sie, alles, was passiert, ist ein Geschenk des Lebens, auch wenn es nur deshalb geschieht, um uns eine Lektion zu erteilen.

Mein Großvater erzählte mir vor langer Zeit von einigen Jägern, die eine Begegnung mit etwas Mächtigem und Rätselhaftem hatten und eine Lektion über die Ehre erhielten. An diese Lektion erinnerten sie sich jedes Mal, wenn sie eine Schlange sahen.

Vier Jäger zogen in das große Gebirge, das wir *Paha Sapa*, die Black Hills, nennen, deren mit Kiefern bewaldete Hänge von Weitem schwarz aussehen. Diese Berge sind bedeutend für uns, weil sie so geheimnisvoll und mächtig sind und die Alten erzählen, dass wir dort durch ein Loch in der Erde, eine Höhle, auf diese Welt gekommen sind. Heute heißt diese Höhle Wind Cave.

In den Black Hills konnte man immer gut jagen, da es immer jede Menge Elche und Rotwild gab. Nach einem Tagesmarsch im Gebirge schlugen die Jäger auf einer abgelegenen kleinen Wiese ihr Lager auf. Dort bereiteten sie ihre Waffen vor und ruhten sich aus. In jener Nacht schliefen sie voller

Vorfreude auf den kommenden Tag und auf die guten Dinge, die passieren würden, ein. Als einer von ihnen in der Nacht aufstand, um Holz für das Feuer nachzulegen, bot sich ihm ein furchterregender und schrecklicher Anblick. Eine riesige Schlange hatte sie und ihr Lager umzingelt.

Der Jäger hatte Angst. Er schloss seine Augen und öffnete sie wieder, doch die Schlange war immer noch da. Er weckte die anderen und bedeutete ihnen, sich ruhig zu verhalten, wobei er auf die Schlange zeigte. Niemand von ihnen hatte je etwas Derartiges gesehen. Sie schienen alle denselben schlechten Traum zu haben. Alles, was sie in ihrer Verwirrung zu tun vermochten, war, sich aneinanderzuschmiegen. Bislang hatte sich die Schlange nicht bewegt.

„Was sollen wir machen?", fragte der Jüngste von ihnen mit flüsternder Stimme. „Vielleicht können wir sie mit unseren Pfeilen töten, wenn wir alle auf einmal schießen."

„Nein", warnte der Älteste. „Wenn es uns nicht gelingt, sie zu töten, wird sie uns töten. Sie scheint sehr stark zu sein. Wir müssen uns überlegen, wie wir fliehen können, solange sie noch zu schlafen scheint."

Sie standen um das erlöschende Feuer, doch der Mondschein, der durch die dunklen Kiefern drang, war hell, und sie konnten die roten und schwarzen Streifen auf der Schlange erkennen. Sie warteten ab und jeder von ihnen nahm an, dass das Ding einfach verschwinden würde, denn nichts in ihrem Leben hatte sie auf die Existenz von Riesenschlangen vorbereitet. Aber sie verschwand nicht, und so mussten sie glauben, dass sie echt war.

„Wir müssen etwas unternehmen!", sagte einer von ihnen. „Jetzt schläft sie, doch wenn sie aufwacht, wird sie uns sicherlich auffressen. Sie kann uns mit Leichtigkeit verschlingen!"

Das konnte sie zweifelsohne. Ihr Rücken war so hoch wie der eines Büffels und sie war so lang wie zwanzig Büffel hintereinander.

„Es bleibt uns nur eins übrig", sagte der älteste Jäger von ihnen, „wir müssen über sie springen."

Sie waren alle stark und gesund, doch keiner von ihnen hatte je über eine riesige Schlange springen müssen.

„Wir können ein Loch graben, hineinsteigen und uns zudecken", schlug ein anderer vor. „Vielleicht denkt sie dann, wir seien geflohen, und macht sich davon."

„Der Boden ist voller Steine", sagte der Älteste. „Wir haben kein Werkzeug, mit dem wir so ein tiefes Loch graben könnten. Wir müssen über sie springen, bevor sie erwacht."

Die anderen stimmten dem Vorschlag zu, wenn auch mit einem unguten Gefühl. Die beste Stelle, den Sprung anzusetzen, war zweifelsohne dort, wo sich der Kopf und der Schwanz der Schlange berührten, weil sie dort am niedrigsten war.

„Zuerst müssen wir unsere Bogen und Pfeile über sie werfen", sagte der älteste Jäger, der auch der Anführer war. „Ich werde als Letzter und du musst als Erster springen", sagte er zu dem Jüngsten. „Nimm Anlauf und spring über die Stelle, wo sich Kopf und Schwanz berühren."

„Ich kann nicht", wimmerte der junge Mann. „Was, wenn ich nicht hoch genug springe oder wenn ich stürze?"

„Höchstwahrscheinlich ist die Schlange hier, um uns zu fressen", sagte der Anführer, „deshalb musst du es versuchen." Er warf seine Waffen über den Rücken der Schlange weit weg ins Gebüsch. Die anderen machten es ihm nach. Da der Jüngste sich aus Angst nicht zu springen traute, zeigte der Anführer auf den nächsten Mann. „Los. Nimm Anlauf und spring!"

Der Mann trat bis zum Rand der Feuerstelle zurück, während die anderen ihm Platz machten. Plötzlich rannte er los, sprang und stürzte über den Kopf der Schlange in das Gebüsch hinter ihr. Er landete mit einem dumpfen Aufprall, richtete sich auf und gab den anderen ein Zeichen, ihm zu folgen. Beherzt tat es ihm der nächste Mann gleich. Er landete im Gebüsch am Waldrand hinter der Schlange. Der Anführer packte den jüngsten Jäger bei den Schultern. „Siehst du", sagte er, „es ist zu schaffen. Sie sind gesprungen und du kannst das auch."

Der junge Mann holte tief Luft. „Ja", sagte er unsicher. „Ich werde es versuchen." Dann trat er hinter das Feuer zurück, versuchte, die Schlange nicht anzusehen, und rannte, so schnell er konnte.

Er hätte es vielleicht geschafft. Seine Angst half ihm, so hoch zu springen, dass er den Rücken der Schlange leicht übersprungen hätte, doch es gelang ihm nicht, da die Schlange in jenem Moment ihren Kopf hob und dadurch den jungen Mann zurück auf den Boden schleuderte. Er landete so hart, dass er das Bewusstsein verlor. Die zwei Jäger, die schon gesprungen waren, rannten davon und versteckten sich hinter den Bäumen. Der Anführer beugte sich rasch über den bewusstlosen jungen Mann, als die Schlange ihren schrecklichen Kopf hob und sie starr anblickte. Es gab keinen Ausweg. Die zwei Jäger waren etwas ausgeliefert, von dem sie bis zu jener Nacht nicht gewusst hatten, dass es überhaupt existierte.

Bis ins Mark erschrocken konnte der Anführer nur der Dinge harren, die da kommen würden. Während der langen Wartezeit fröstelte ihn immer wieder wegen der starren schwarzen Augen der Riesenschlange. Dann bemerkte er, dass sich der junge Mann bewegte. Merkwürdigerweise bewegte sich die Schlange genau im selben Moment und zog sich in den dunklen Wald zurück. Trotz ihrer Größe glitt sie geräuschlos dahin. Als alles vorüber war, kamen die anderen Jäger aus ihrem Versteck. Der Jüngste erwachte und griff sich an den Kopf.

„Ich habe furchtbare Kopfschmerzen", sagte er. „In meinem Geist hat die Schlange mit mir gesprochen."

Die anderen zwei Jäger sammelten die Waffen ein und spannten ihre Bögen. „Sie kommt möglicherweise zurück", sagte einer von ihnen. „Wenn sie kommt, müssen wir gegen sie kämpfen!"

„Nein", sagte der Jüngste, „sie wird nicht wiederkommen."

„Was meinst du damit?", fragte der Anführer.

„Die Schlange hat mit mir in meinem Geist gesprochen", sagte der Jüngste. „Sie hat uns gebeten, etwas für sie zu tun. Falls wir es nicht tun, wird sie uns finden und verschlingen."

Die anderen dachten einen Moment lang nach. Vielleicht stimmten die Worte des Jungen. Schließlich hätte vor dem heutigen Abend auch niemand geglaubt, dass es so etwas wie eine Riesenschlange gab.

„Was hat dir die Riesenschlange gesagt?", fragte einer.

„Wir müssen in Richtung Nordosten reisen", sagte er ihnen, „bis wir an einen flachen Fluss gelangen, dem wir in ein tiefes Tal folgen, in dem eine einsame Hütte mit einer roten Tür steht. Dort lebt ein Mann mit Frau und Kind. Der Mann hat eine Narbe unter seinem Auge und erwartet uns. Zwei von uns müssen bei seiner Frau und seinem Kind bleiben, während die zwei anderen mit dem Mann weiter Richtung Nordosten ziehen, den Great Muddy River durchqueren und weiterwandern sollen, bis sie an einen langen und schmalen See von geringer Tiefe gelangen. Der Mann muss diesen See durchschreiten. Die Schlange sagte, dass er ein freier Mann wäre, sobald er das andere Ufer erreicht hat."

„Was passiert, wenn er das andere Ufer nicht erreicht?", fragte der Anführer.

„Ich weiß es nicht", antwortete der junge Mann. „Ich weiß nur, dass der Mann durch diesen See laufen und versuchen muss, das andere Ufer zu erreichen. Was auch immer geschieht, wir müssen zu seiner Hütte zurückkehren."

Sie lagen die restliche Nacht wach aus Angst, die Schlange könnte zurückkehren. Doch sie tat es nicht. Am Morgen brachen sie in Richtung Osten auf und bei Sonnenuntergang hatten sie das Gebirge hinter sich gelassen. Bei dem folgenden

Sonnenaufgang machten sie sich in Richtung Nordosten auf und zwei Tage später gelangten sie an einen Fluss, wo sie ihr Lager aufschlugen.

„Bist du sicher, dass die Schlange mit dir gesprochen hat?", fragte einer der Jäger. „Könnte es sein, dass du dir das nur eingebildet hast? Vielleicht war es nur ein Traum."

„War die Schlange ein Traum?", fragte der Anführer. „Ich habe noch nie von solch einem Wesen gehört. Dennoch habe ich sie gesehen. Soll ich glauben, dass meine Augen und Ohren mich täuschten?"

„Ich will nur sichergehen, dass wir nicht in eine gefährliche Situation geraten", antwortete der erste Jäger, „oder dass wir uns zum Narren machen. Ich für meinen Teil denke, dass es lächerlich ist, in ein Land zu reisen, vielleicht sogar in Feindesland, weil wir auf jemanden hörten, der sagt, dass eine Schlange mit ihm gesprochen habe."

„Ich habe nicht gelogen", beharrte der jüngste Jäger. „Ich habe euch gesagt, was ich gehört hatte! Die Schlange drohte, dass sie uns alle holen würde, wenn wir nicht tun, was sie sagt; sie würde uns verschlingen."

„Du darfst uns gerne verlassen", sprach der Anführer zum ersten Jäger. „Niemand zwingt euch, diesem jungen Mann Glauben zu schenken. Doch erinnert euch daran, dass wir alle die Schlange gesehen haben! Wir alle haben gesehen, was mit diesem jungen Mann geschah. Ich glaube ihm, weil ich nicht von einer Riesenschlange verfolgt werden will, die darauf aus ist, mich zu verschlingen!"

„Wenn wir die einsame Hütte mit der roten Tür finden", erwiderte der erste Jäger, „dann wissen wir, dass all das wahr ist. Wenn wir weder die Hütte noch einen Mann mit einer Narbe unter seinem Auge finden, werde ich nach Hause gehen, um wieder etwas Vernünftiges zu tun."

Am nächsten Tag, nachdem sie einen halben Tag lang dem Fluss gefolgt waren, erreichten sie ein Tal. Wenig später stießen sie auf eine Hütte, die in einem Wäldchen stand. Die einsame Hütte hatte eine rote Tür. In ihr lebte ein Mann mit einer jungen Frau und einem Kind. Der Mann hatte eine Narbe unter einem Auge.

Die Jäger waren überraschter ihn zu sehen, als er es war. Er schien gewusst zu haben, dass sie kommen würden. Der Mann war schon etwas älter, sein Haar war von grauen Strähnen durchzogen, und seine Frau war sehr jung. Er zeigte ihnen einen guten Lagerplatz am Fluss und blieb, um mit ihnen zu reden.

„Meine Frau hat Essen für euch. Ihr müsst in meine Hütte kommen und etwas essen. Ihr seid weit gereist und ich wusste, dass ihr eines Tages kommen würdet", sagte er ihnen. „Ich weiß auch, dass ihr mir etwas mitteilen sollt."

Die Jäger zögerten, doch ihnen war eine Aufgabe auferlegt worden. Deshalb enthüllte der Anführer den Zweck ihrer Reise. „Zwei von uns müssen bei deiner Frau und deinem Kind bleiben, während zwei andere dich mit in Richtung Nordosten nehmen, über den Great Muddy River und weiter bis zu einem flachen See. Die Reise wird viele Tage dauern, vielleicht sogar einen Mond lang. Wenn wir jenen See erreicht haben, musst du ihn überqueren. Wenn du das andere Ufer erreicht hast, kannst du wieder zurück nach Hause gehen."

„Ja", sagte der Mann mit der Narbe unter dem Auge. „Ich werde mit euch kommen. In zwei Tagen können wir aufbrechen. Ich möchte noch einen Tag mit meiner Frau und meinem Sohn verbringen, bevor ich – bevor ich gehen muss. Kommt zum Essen in unsere Hütte, wenn ihr euer Lager errichtet habt."

Erst eine Riesenschlange, jetzt ein geheimnisvoller Mann mit einer Narbe. Die Männer wussten nicht, was sie davon halten sollten. Sie waren in eine Sache hineingezogen worden, von der sie nichts verstanden, und nun lag eine lange Reise in unbekanntes Gebiet vor ihnen.

„Warum muss er den See durchqueren?“, fragte einer der Jäger, als sie ihr Lager aufschlugen.

„Warum lebt er allein nur mit seiner Frau und seinem Kind?“, fragte der zweite Jäger. „Wurde er aus der Dorfgemeinschaft verbannt? Nur Leute, die verbannt wurden, leben allein.“

„Falls er wirklich verbannt worden ist, was hat er wohl getan?“, fragte sich der Anführer. „Höchstwahrscheinlich etwas sehr Schlimmes. Ein Mann wird nicht wegen geringfügiger Vergehen verbannt.“

Zum Abendessen hatte die junge Frau des Mannes einen sehr guten Elcheintopf zubereitet und serviert. Sie war höflich und äußerst schüchtern. Ihr Baby, das gerade laufen gelernt hatte, blieb dicht bei seiner Mutter, nachdem die Fremden die Hütte betreten hatten. Die vier Jäger waren höfliche Gäste und für die Kochkünste einer Frau sehr dankbar.

Am Lagerfeuer wurde über die Jagd und über das gute Wetter des Spätsommers geredet, jedoch nicht über die Ankunft der Jäger und die Neuigkeiten, die sie brachten. Es war ein angenehmer Abend, aber die Jäger verabschiedeten sich frühzeitig, da sie die Gastfreundschaft der Familie in ihrer gemütlichen Hütte nicht überstrapazieren wollten.

Den folgenden Tag verbrachten sie damit, sich auszuruhen und Pfeile zu schnitzen. Der Anführer hatte beschlossen, dass er selbst und der jüngste Jäger den Mann in Richtung Norden begleiten sollten. Diese Entscheidung wurde von den beiden anderen nicht angefochten. In ihren Gesprächen ging es oft um den Mann mit der Narbe unter dem Auge, der bislang keine Erklärung für seine Situation abgegeben hatte. Sie spürten, dass er ein guter Mann war, aber sie bemerkten auch, dass er eine stille Trauer ausstrahlte. An jenem Abend kam er zu ihrem Lager.

„Meine Frau weiß, dass ich mit euch auf diese Reise gehen muss“, sagte er. „Sie will mich begleiten. Seit unserer Heirat sind wir noch nie voneinander getrennt gewesen. Sie kann es schwer akzeptieren, dass ich diese Sache tun muss. Doch sie wird warten, weil sie weiß, dass sie es muss."

„Diese beiden werden hierbleiben", sagte der Anführer und zeigte auf zwei seiner Begleiter. Dann deutete er auf den verbliebenen Jäger und sprach: „Da die Schlange mit ihm gesprochen hat und weil ich früher als junger Mann den Norden bereist habe, werden wir beide dich begleiten. Es ist das Land unserer Feinde, deshalb müssen wir vorsichtig sein."

„Ich habe als junger Mann auch den Norden bereist", sagte der Mann mit der Narbe. „Ich habe den Great Muddy River überquert, doch das war im Winter. Ich werde bei Tagesanbruch bereit sein, dann werden wir aufbrechen."

Der Mann hatte den Hintergrund der Reise immer noch nicht erklärt.

„Ihr müsst vorsichtig sein", riet einer der Jäger, die zurückbleiben sollten. „Ihr werdet im Feindesland sein und, noch schlimmer, wir wissen nicht alles über diese Sache. Es ist nicht gut, mit blinden Augen in etwas zu stolpern. Es ist nicht gut, unwissend zu sein."

Bei Tagesanbruch machten sich die drei Männer auf den Weg. Die junge Frau stand an der Tür ihrer Hütte und schaute den Reisenden hinterher, bis sie außer Sichtweite waren.

Nach zehn Tagen erreichten sie den Great Muddy River. Es war Spätsommer und der mächtige Fluss war niedrig, dennoch brauchten sie all ihre Kraft, um an einen Baumstamm geklammert bis zum anderen Ufer zu schwimmen. Nach ein paar weiteren Tagen erreichten sie das Feindesland.

In der flachen, weiten Prärie verliert sich jedes Lebewesen leicht, egal ob es läuft, kriecht oder fliegt. Die Weite, in der sich ein niedriger Hügel nach dem anderen erhebt, ist verlockend. Auf dem Gipfel eines Hügels stehend, will man zum nächsten eilen, um zu sehen, was dahinter ist. Die drei Reisenden sahen riesige Herden von Gabelantilopen und sogar noch größere Büffelherden, die das Land wie eine große braune Wolke bedeckten. Über ihnen kreisten Falken und Adler, Bussarde und Raben. Wenn der Ausgang dieser Reise nicht so unsicher gewesen wäre, hätte die Freude, Teil der Erde zu sein, überwogen.

Am Lagerfeuer hatte der Mann mit der Narbe locker geplaudert, doch nur wenig von sich preisgegeben – auch hatte er nicht die geringste Andeutung über den Grund dieser merkwürdigen Reise gemacht. Er hatte bislang weder über die Schlange gesprochen noch eine Frage gestellt. Nur eines war gewiss, dass er die Jäger in seiner Hütte erwartet hatte – wie es die Schlange vorausgesagt hatte. Und er hatte jede Nacht das Lager verlassen, um in einiger Entfernung seine Pfeife zu rauchen und zu beten.

Im Feindesland kamen sie langsamer voran, weil sie in den Tälern nicht gesehen werden wollten. Fünfzehn Tage nach Überquerung des Great Muddy Rivers kamen sie an einen schmalen See, der die Form einer Sichel bei Neumond hatte. Obwohl sie an vielen großen und kleinen Seen vorbeigekommen waren, wussten sie sofort, dass es der richtige war. Der Ort hatte etwas Besonderes, das konnten die Jäger spüren. Und am Himmel und in der Nähe des Wassers waren weder Vögel noch andere Tiere zu sehen. Es herrschte nur eine seltsame Stille.

Seit sie Feindesland betreten hatten, hatten sie nur selten Feuer gemacht und auch jetzt campierten sie ohne Lagerfeuer in einer verborgenen Bucht am Ufer. Die zwei Jäger hielten nach Feinden Ausschau, obwohl sie irgendwie wussten, dass niemand kommen würde. „Dieser Ort hat etwas Merkwürdiges an sich", sagte der junge Jäger, „irgendetwas spüre ich hier. Ich hatte dasselbe Gefühl, als ich die Schlange zum ersten Mal sah."

Seit sie am See angekommen waren, hatte der Mann mit der Narbe kein Wort mehr gesprochen. Am Abend ging er alleine fort. Nach einiger Zeit konnten sie hören, wie er sein Totenlied sang. Als der Mond aufgegangen war, kehrte er zurück und sprach mit seinen Begleitern. „Morgen, nach Sonnenaufgang, werde ich in den See gehen, wie ihr mich angewiesen habt. Ich glaube zu wissen, was mich im Wasser erwartet. Falls ich das andere Ufer nicht erreichen sollte, nehmt meine Sachen und bringt sie nach Hause zu meiner Frau. Seid so gut und bringt sie zurück zu ihrer Familie. Sie war so lange nicht mehr bei ihr. Fragt sie, was ihr über meine Person wissen wollt. Sie wird es euch sagen." Mit diesen Worten verschwand er, um am Ufer auf den Sonnenaufgang zu warten. Die zwei Jäger wussten eine Sache ganz sicher. Der Mann mit der Narbe im Gesicht war tapfer.

Die Dämmerung brach an und verwandelte sich am östlichen Horizont in einen hellen roten Schimmer. Das Wasser des Sees erstrahlte im selben hellen Glanz. Bald darauf tauchte der Sonnenball über dem Horizont auf. Die Jäger beobachteten, wie der Mann mit der Narbe sich seines Hemdes und seiner Beinlinge entledigte und nur in Kniehose und Mokassins dastand. Sein Totenlied singend und ohne zurückzuschauen, stieg er ins Wasser.

Es war windstill. Das Wasser des Sees war ruhig und glatt und er wirkte wie zugefroren. Eine seltsame Stille lag in der Luft, als der Mann immer weiter in den See vorstieß. Der See war seicht. Selbst als der Mann nahezu die Mitte erreicht hatte, reichte ihm das Wasser nur bis zu den Oberschenkeln. Die am Ufer stehenden Jäger beobachteten ihn und hofften und beteten, dass er es bis ans andere Ufer schaffen würde.

Obwohl der See länger als der Pfeilschuss eines starken Bogens war, konnten sie das andere Ufer erkennen. Als der Mann in der Mitte des Sees angekommen war, reichte ihm das Wasser bis zur Brust. Dann bewegte sich etwas hinter ihm. Das Wasser begann sich zu kräuseln, als ob es kochen würde. Für einen kurzen Augenblick durchbrach etwas Dunkles die Wasseroberfläche, dann wurde der Mann mit der Narbe im Gesicht unter Wasser gezogen.

Die Jäger rannten das Ufer auf und ab, während sich die Wogen des Sees wieder glätteten. Es war, als ob nichts geschehen wäre. In ihrem Herzen wussten sie, dass der Mann verschwunden war, doch sie warteten noch voller Hoffnung. Der Morgen verging, und da war nichts außer jener merkwürdigen Stille. Traurig sammelten sie sein Hemd, seine Beinlinge, seinen Bogen, seine Pfeile und seinen Speer ein und traten den Heimweg an.

Nach zwanzig Tagen erreichten sie die Hütte mit der roten Tür, die sich im Tal des seichten Flusses befand. Die zwei Jäger, die gewartet hatten, waren froh über ihre Rückkehr. „Vor einiger Zeit", sagte einer, „fing sie an, tagelang zu weinen, schlug voller Trauer mit den Armen um sich und schnitt sich das Haar. Und seither hält sie ihr Gesicht mit Asche bedeckt."

„Sie weiß etwas", sagte der Anführer. „Sie weiß, dass ihr Mann verschwunden ist. Er hat das andere Ufer nicht erreicht. Etwas hat ihn hinabgezogen."

Der jüngste Jäger übergab der trauernden Frau die Sachen ihres Mannes. Sie nahm sie entgegen und dankte ihm, dass er die Reise mit ihrem Mann angetreten war. Aus Rücksicht auf ihre Trauer warteten sie mehrere Tage ab und versorgten die Frau mit Essen und Wasser. Eines Tages sprach sie schließlich mit ihnen.

„Ich muss in mein Dorf zurückkehren", sagte sie.

„Wir werden dich dorthin begleiten; dein Mann hat uns darum gebeten, und das werden wir auch tun", sprach der Anführer.

Sie reisten von Süden nach Osten. Die junge Witwe sprach dabei kein Wort. Sie bereitete das Essen für sie zu und half ihnen beim Aufbau des Lagers, doch ihre Gedanken behielt sie für sich. Nach fünfzehn Tagen erreichten sie ein großes Lager, das unmittelbar westlich des Great Muddy River lag, nördlich vom Zufluss des Bad River.

Ihre Familie hieß sie willkommen. Die Jäger wurden eingeladen, so lange zu bleiben, wie sie wollten, doch sie brannten darauf, nach Hause zurückzukehren. Sie blieben nur einige Tage, um sich auszuruhen.

Am Vorabend ihrer Heimreise suchte die junge Witwe das Lager der Jäger auf. „Ich muss euch von meinem Mann erzählen", sagte sie. „Als junger Mann hatte er einen guten Freund, der ein mächtiger Medizinmann wurde. Doch dieser wandte sich der dunklen Seite der Mächte zu, die er besaß, und wurde zum Gehilfen böser Geister. Mein Mann sagte sich von ihm los und wurde mit der Zeit ein großer Krieger und ein Anführer, dem die Menschen Gefolgschaft leisteten. Der Medizinmann war deshalb eifersüchtig und setzte seine Kräfte gegen meinen Mann ein. Er benutzte eine spezielle Medizin, mit deren Hilfe er die erste Frau meines Mannes von ihm nahm. Aber mein Mann gab nicht nach und der Medizinmann wurde schließlich vor den Menschen bloßgestellt. Er wurde verrückt und blieb es bis zu seinem Lebensende.

Ein böser Geist, mit dem der Medizinmann paktiert hatte, suchte meinen Mann auf. Er sagte, dass eine Bestrafung folgen müsse. Mein Mann könne jedoch wählen. Er könne die Schande der Verbannung auf sich nehmen oder er könne zusehen, wie sein eigenes Dorf dem Wahnsinn verfallen würde, wie der Medizinmann. Mein Mann wählte die Verbannung. Der Geist sagte, eines Tages würden vier Männer kommen, um ihn zu holen, aber der genaue Zeitpunkt bleibe ihm unbekannt. Der Geist wollte, dass mein Mann jeden Tag für seinen letzten hielt. Er hatte keine andere Wahl. Mein Mann hätte die Strafe von sich abwenden können, aber das hätte bedeutet, dass sein ganzes Dorf gelitten hätte."

„Wie bist du seine Frau geworden?", fragte der jüngste Jäger.

„Mein Vater schickte mich zu ihm", antwortete sie. „Er erzählte mir die Geschichte dieses tapferen und ehrenwerten Mannes und fügte hinzu, dass ein solch ehrenvolles und tapferes Verhalten nicht mit ihm sterben dürfte, sondern weitergegeben werden müsse. Das ist wahr geworden, denn ich habe ein Kind von ihm bekommen."

Die Jäger kehrten in ihr Dorf zurück. Als ihre Verwandten sie fragten, warum sie so lange weggeblieben waren, antworteten sie nur, dass sie sich verirrt hatten und einen langen Weg zurücklegen mussten. Nach einiger Zeit aber erzählten sie die Geschichte ihrer langen Reise. Einige glaubten ihnen, andere nicht. Alle bemerkten jedoch mit der Zeit, dass aus den vier Jägern, die die Reise gemacht hatten, die demütigsten und ehrenwertesten Männer des Dorfes geworden waren.

Es ist vielleicht nicht einfach, an Riesenschlangen zu glauben, aber ich habe lange genug gelebt, um zu wissen, dass ich vieles nicht weiß. Ich kann nicht mit Sicherheit sagen, dass es keine Riesenschlangen gibt, weil ich in meinem Leben schon viele Dinge gesehen habe, die für einige Menschen unvorstellbar sind, während sie für andere normal zu sein scheinen: beispielsweise einen Spaziergang auf dem Mond. Aber ich kann mit Sicherheit sagen, dass es viele wundersame, mächtige und rätselhafte Dinge gibt, denen wir in unserem Leben vielleicht begegnen werden. Ich hoffe, eines von ihnen ist die Ehre.

Die Farbe der Ehre

Ein weiser Mann wurde einmal gefragt, welche Tugend er wählen würde, wenn er nur für eine bekannt sein könnte. „Ehre", antwortete er, ohne zu zögern. „Wenn ich dafür bekannt wäre, ehrenhaft zu sein, kann das nur bedeuten, dass ich auch viele andere Tugenden an den Tag gelegt hätte."

Das Streben nach Tugend ist der wahre Kern einer jeden Kultur, Gesellschaft oder Nation. Eine Nation kann, wie auch ein Individuum, großzügig, ehrlich, aufrichtig und mutig sein. Jene Individuen, Kulturen, Gesellschaften und Nationen, die sich ausnahmslos – man kann sagen, blind – in ihrem Verhalten und in ihren Beziehungen nach den Tugenden richten, werden Erfolg haben und sich als die ehrenvollsten erweisen. Ehrenhaft zu sein bedeutet, integer zu sein – ehrlich – und das zu tun, was moralisch richtig ist. Ebenso wie ein Urteil über uns auf dem basiert, was wir tun, ist es auch und vielleicht sogar noch untrennbarer mit dem verbunden, was wir unterlassen.

Ein Mann erhielt bei seiner Bezahlung mehr Geld, als ihm zustand. Er behielt den zusätzlichen Betrag und betrachtete ihn als unerwarteten Gewinn. Doch die Werte, die man ihm vermittelt hatte, sagten ihm, dass es falsch war, das zusätzliche Geld zu behalten. Viele Jahre verdrängte er die Wahrheit, doch sie kehrte immer wieder in sein Bewusstsein zurück, wie ein Steinchen in seinem Schuh. Schließlich gab er das Doppelte des Betrages zurück und wurde deshalb sehr gelobt. Doch er blieb bescheiden und wies jegliches Lob von sich. „Findest du dein ehrenhaftes Verhalten nicht gut?", fragte man ihn. „Nein", antwortete er, „das Geld nach all den Jahren zurückzugeben war lediglich Wiedergutmachung. Ehrenhaft wäre es gewesen, wenn ich es sofort zurückgegeben hätte."

Ehre war und ist ein wichtiger Bestandteil der Lakota-Kultur, ebenso wie in allen anderen Kulturen der Welt.

5. LIEBE

Cantognake (Tschan-do-njan-keh) –
Jemanden oder etwas ins Herz schließen

Die Geschichte von den Pappeln

Im Land der Lakota werden viele Flüsse und Bäche von Pappeln gesäumt. Sie sind groß und stark und werden sehr alt. Im Hochsommer spielt der Wind mit ihren Blättern, bringt sie zum Rascheln und schüttelt sie so lange, bis sie ihre sanften, freudvollen Lieder von sich geben, die alle – Vierbeiner, Geflügelte, Kriechtiere und Zweibeiner – gerne hören: Lieder, die eine bekümmerte Seele trösten, selbst das härteste Herz erweichen und ein gebrochenes heilen können. Dies ist die Geschichte von zwei Pappeln, die ihr Leben als etwas anderes begannen.

Viele, viele Winter bevor die Dampfer des weißen Mannes die Krankheit des auslaufenden Gesichts (die Pocken) am Great Muddy River verbreiteten und im Jahr 1837 fast 2000 Lakota daran starben, lernten sich bei einem Sommerfest zwei junge Menschen kennen. Sie hatte gerade ihren Initiationsritus als Frau vollzogen und er hatte seinen ersten Sieg gegen einen Feind errungen. Sie hatte wunderschöne dunkle Augen und er war aufrecht und groß. Sie konnten ihre Augen nicht voneinander lassen. Viele Abende stand er mit ihr in den sanften Falten seines Hirschlederumhangs in der Nähe des Wigwams der Familie, da ihre Mutter ein wachsames Auge auf sie hatte. Unter dem Gewand versteckt tauschte das junge Paar sanfte Küsse aus und flüsterte sich Versprechen ins Ohr. Als bei den Tanzveranstaltungen die Lieder zum Kaninchen- und

Kreistanz gesungen wurden, zog sie ihn in den Kreis der Tänzer. Sie tanzten Seite an Seite und bewegten sich bei jedem Schritt im Gleichklang, als ob sie eine Person wären, und beim Gesang verschmolzen ihre sanften Stimmen, begleitet von den leisen Klängen der Trommeln.

Jeder konnte sehen, dass die Herzen dieser beiden jungen Menschen nur füreinander schlugen, und die alten Menschen wunderten sich, dass beider Stimmen sich zu einer einzigen verbanden. Alle waren sich sicher, dass es nur noch eine Frage der Zeit war, bis White Lance der Familie von Red Willow Woman Pferde als Brautgeschenk überreichen und um ihre Hand anhalten würde.

Nach dem Ende des Sommerfestes trennten sich die beiden jungen Menschen schweren Herzens. White Lance ritt mit dem Versprechen davon, viele Pferde zusammenzutreiben.

Der Sommer ging vorüber und der Herbst zog ins Land. Das Dorf von Red Willow Woman befand sich in der Nähe des Turtle Butte, während der Stamm von White Lance sein Lager mehrere Tagesritte weiter in Richtung Norden, in der Nähe des White Earth River, aufgeschlagen hatte. Er war mit verschiedenen Kriegsparteien gegen die Arikara und die Crow in den Kampf gezogen und hatte sich als tapferer Krieger ausgezeichnet. Während eines Überfalls hatte er im Alleingang zwölf Pferde erbeutet, die natürlich als Teil des Brautpreises für die Familie von Red Willow Woman gedacht waren.

Die Blätter verfärbten sich und begannen herabzufallen, als sich der Stamm von Red Willow Woman nördlich des Sandhill Country niederließ, um auf Büffeljagd zu gehen. Dort traf sie White Lance wieder. Er und zwei seiner Freunde führten 18 Pferde zu ihrem Lager. Doch sein mit Vorfreude erfülltes Herz stürzte vom Himmel wie eine verletzte Ente, als seine Träume durch Red Willow Womans Worte zerstört wurden.

Tränenüberströmt teilte sie ihm mit, dass sie einem jungen Mann namens He Crow versprochen worden war. Er stammte aus einer angesehenen Familie und sie war durch die Ehre gebunden, dem Befehl ihres Vaters Folge zu leisten.

White Lance hatte noch nie derartige Gefühle gehabt. Der Schmerz in seinem Herzen verschlug ihm den Atem, er konnte nicht mehr klar denken, und seine ganze Seele schien sich in ihm zusammenzukauern wie ein verlorenes Kind. Beschämt und verwirrt schickte er seine Freunde fort und ritt einige Tage und Nächte ziellos durch die Gegend, bevor er in den Norden zurückkehrte. In seinem eigenen Dorf angekommen, verkroch er sich im Wigwam seiner Mutter und aß tagelang nicht.

Im Frühling erreichte ihn die Nachricht, dass He Crow und Red Willow Woman verheiratet worden waren. White Lance nahm seinen Schmerz und seinen Zorn mit auf den Kriegspfad gegen die Crow. Auf dem Schlachtfeld verhielt er sich leichtsinnig, es schien ihm gleichgültig zu sein, ob er starb oder am Leben blieb.

Indessen musste He Crow feststellen, dass sich Red Willow Woman zwar so verhielt, wie man es von einer Ehefrau erwartete – ihr Wigwam war immer sauber und ordentlich –, doch dass sie mit ihren Gedanken und ihrem Herzen woanders war. Im darauffolgenden Frühling wurde ihnen eine Tochter geboren, doch dies schien Red Willow Womans Aufmerksamkeit nur noch mehr abzulenken. Um seine Enttäuschung zu verbergen, ging He Crow oft auf die Jagd und nahm jede Aufforderung an, sich auf den Kriegspfad zu begeben.

Die Zeit verstrich, viele Winter kamen und gingen. White Lance und Red Willow Woman sahen sich jedes Jahr einmal auf dem Sommerfest. Beide wussten, dass sie von allen beobachtet wurden, und verhielten sich deshalb äußerst korrekt, doch jedem, der ihre frühere Beziehung gekannt hatte, war klar, dass nichts, nicht einmal die Zeit, etwas an dem ändern konnte, was sie in ihren Herzen füreinander empfanden.

Nach einiger Zeit nahm sich White Lance Good Medicine, die Witwe eines Freundes, der während einer Büffeljagd ums Leben gekommen war, zur Frau. Er wurde der Vater ihres Sohnes, doch sie begriff, dass er zwar ein guter Ernährer und pflichtbewusster Ehemann war, sein Herz jedoch immer einer anderen gehören würde.

Weitere Winter zogen ins Land. White Lance wurden große Ehren zuteil, und viele Männer vertrauten sich seiner Führung an. Er war für seine weisen Ratschläge bekannt und bekleidete daher sowohl in Friedens- als auch in Kriegszeiten eine Führungsposition. Doch viele Menschen, darunter auch Good Medicine, merkten, dass er oft einsam war. In jenen Momenten sah man ihn ins Leere starren, als ob er in eine andere Zeit oder zu einem anderen Ort blickte.

Wie jede gute Lakota-Mutter kümmerte sich Red Willow Woman hingebungsvoll um ihre Kinder, denn sie hatte jetzt auch noch einen Sohn. Doch auch sie wirkte oftmals abwesend und starrte, besonders in den Sommernächten, in Richtung Norden.

White Lance und Red Willow Woman schienen nur für die Sommerfeste zu leben, wenn sie Gelegenheit hatten, einige Augenblicke miteinander zu sprechen. Jeder erkundigte sich höflich nach dem Befinden des anderen und danach, wie es der Familie ging, doch in ihren Augen erstrahlte ein Licht und beide schienen wieder lebendig zu werden.

White Lance und Red Willow Woman brachten weder Schande über ihre Ehen, noch verhielten sie sich anders, als es von ihnen erwartet wurde. Der Preis der Ehre bedeutete jedoch den Verzicht auf wahrhaftes Glück. Beide hatten diesen Preis mit einem gebrochenen Herzen bezahlt. Doch auch He Crow und Good Medicine hatten ihren Preis gezahlt, es war für alle nicht leicht gewesen. Während eines Sommerfests ließ He Crow Good Medicine eine Nachricht zukommen. Sie trafen sich heimlich und sprachen miteinander.

In jenem Herbst, lange nach Ende des Sommerfests und nachdem die Dörfer ihre Büffeljagd beendet hatten, um Fleischvorräte für den Winter anzulegen, bat Good Medicine White Lance darum, sie zu einem Besuch bei ihren Verwandten zu begleiten, die im Süden ihr Lager aufgeschlagen hatten. He Crow kündigte ebenfalls an, Verwandte im Norden besuchen zu wollen, und bat Red Willow Woman, ihn zu begleiten.

Am Morgen nach der ersten Neumondnacht verließen beide Paare ihre Dörfer. Sie reisten alleine, da ihre Kinder mittlerweile erwachsen waren. Nach einigen Tagen erreichten White Lance und Good Medicine einen bestimmten Ort in der Nähe des Smoking Earth River, eine Stelle am Horse Creek, an der Jäger oft ihr Lager aufschlugen. Good Medicine sagte, dass sie hier einige Tage campieren wolle.

He Crow und Red Willow Woman kamen einige Tage später an. Es war eine peinliche Situation, doch die Paare waren froh, sich zu sehen.

Als jener erste Abend sich fast dem Ende neigte und eine kalte Brise aus Nordwesten aufzog, die einen harten Winter ankündigte, tat He Crow etwas Merkwürdiges. Als sie alle vor dem prasselnden Feuer saßen, warf er einen Stock zu Boden und sprach zu Red Willow Woman. „Dieser Stock bist du", sagte er. „Ich werfe dich weg. Du weißt, dass bei uns Lakota ein Ehemann seine Frau dadurch wegwerfen kann. Ich habe meine Gründe dafür, und jetzt bist du von mir getrennt und es steht dir frei hinzugehen, wo du willst."

Red Willow Woman war fassungslos. Bevor sie jedoch etwas sagen konnte, tat auch Good Medicine etwas Merkwürdiges. Sie brachte White Lances Habseligkeiten vor ihren Wigwam und legte sie auf den Boden in der Nähe des Eingangs. „Ich gebe dir deine Sachen", sagte sie zu White Lance. „Ich habe keinen Platz mehr für sie in meinem Wigwam. Du weißt, dass bei uns Lakota eine Frau das Recht hat, ihren Ehemann auf diese Art loszuwerden. Ich habe meine Gründe, und es steht dir frei hinzugehen, wo du willst."

Auch White Lance war fassungslos. Doch nach einiger Zeit verstanden er und Red Willow Woman, was vor sich ging.

„Du bist der Mann ihres Herzens", sagte He Crow zu White Lance. „Du solltest der Mann in ihrem Leben sein, und du wirst es sein."

„Und du bist die Frau seines Herzens", sprach Good Medicine. „Nimm den dir zustehenden Platz an seiner Seite ein, was man dir schon vor langer Zeit hätte erlauben sollen. Ihr habt beide eure Pflichten erfüllt, jetzt müsst ihr euren Herzen folgen."

Am nächsten Morgen baute Good Medicine ihr Zelt ab und He Crow versprach, sie sicher zu ihren Verwandten zu bringen. In jener Nacht kamen White Lance und Red Willow Woman als Mann und Frau zusammen, 25 Winter, nachdem sie sich zum ersten Mal getroffen hatten.

Sie verweilten tagelang im Tal des Smoking Earth River und liefen den Fluss entlang, bis das letzte Herbstblatt zu Boden geglitten war. Die Welt erschien ihnen wie verwandelt. Der Himmel war noch nie so blau gewesen und der Ruf der Streifengänse klang nicht mehr wie ein trauriges Lied. Wie die Sonne den Schatten vertreibt, so verscheuchte jeder neue Augenblick, den sie zusammen verbrachten, die Gedanken an die Entbehrungen der Vergangenheit. Ihre Herzen glitten in die Höhe wie Falken im Wind.

Die erste schneidende Kälte des Winters trieb sie in die schützenden Schluchten in der Nähe des Great Muddy River. Dort stellten sie ihr Zelt auf, und White Lance ging auf die Jagd, sodass sie genug Fleisch für ihre Reise nach Swift Bear hatten, einem Dorf, das viele lange Tagesritte im Nordwesten lag.

Eines Nachmittags, als er von der Jagd zurückkehrte, fand er den Wigwam leer vor, die Glut des Lagerfeuers war erkaltet.

Red Willow Woman war nirgends zu sehen und auch ihr Pferd war verschwunden. Da es für die Suche noch hell genug war, griff der besorgte White Lance zu seinen Waffen und machte sich auf den Weg. Nach nicht allzu langer Zeit entdeckte er über einigen Hufspuren ihre Fußspuren. Aus den Spuren ließ sich erkennen, dass Red Willow Woman ihr Pferd hinter sich her zog. Es begann leicht zu schneien, als er ihren Spuren folgte. Im Laufe des Nachmittags wurde der Schnee immer heftiger.

Schon bald konnte White Lance keine Spuren mehr erkennen. Er fing an, ihren Namen zu rufen, und rief ihn immer und immer wieder. Das Tageslicht begann nachzulassen, und er wusste, dass die Sonne bald untergehen würde. Der Schnee bedeckte die Erde und den Himmel, alles war in Weiß getaucht. Plötzlich vernahm er ein schwaches Rufen, eine vom Wind getragene Stimme.

White Lance rannte in die Richtung, aus der das Geräusch gekommen war, und schon bald tauchten aus dem Weiß dunkle Gestalten auf. Sein Herz klopfte schnell wie eine Trommel. Eine der Gestalten war Red Willow Woman, die auf dem Boden kauerte, der Schnee unter ihr war rot von Blut. Über ihr stand ein wütender und mächtiger Bär, an dessen Klauen Blut klebte und der brüllte, als er sich zu White Lance umdrehte.

Mit einem verzweifelten und wütenden Schrei, der wie der Donnerschlag eines Sommergewitters klang, stürzte White Lance los und warf seinen Speer. Er traf sein Ziel und durchstieß den riesigen Brustkorb des Tieres, doch die Bestie war kräftig und setzte sich zur Wehr. Ihre scharfen Klauen verletzten White Lance immer wieder, bis dieser blutüberströmt war. Doch White Lance stach wieder und wieder mit seinem Speer zu und durchbohrte jedes Mal den Brustkorb des Bären. Der Schnee verfärbte sich rot durch ihr Blut, und die kalte Luft war erfüllt von ihren verzweifelten und wütenden Schreien.

Sie brachen fast gleichzeitig zusammen. Der Bär war durch einen letzten Stoß mit der Lanze, die sich tief in sein Herz gebohrt hatte, schließlich besiegt worden. Doch er hatte seinem Mörder die Kehle aufgeschlitzt.

Mit letzter Kraft kroch White Lance zu Red Willow Woman und schloss sie in die Arme. Sie nahm ihre schwindenden Kräfte zusammen, um ihn an sich zu ziehen. Und so traten sie zusammen in die Ewigkeit ein, als Mann und Frau.

Es vergingen zwei Sommer, bevor eine Gruppe Jäger ihre Knochen in der Nähe des Ufers am Great Muddy River entdeckte. Nicht weit davon entfernt lagen die verblichenen Knochen eines Bären, in dessen Rippen eine Speerspitze steckte. Die Jäger konnten sich unschwer vorstellen, was passiert war. In der Nähe des Wassers aber erblickten sie zwei Pappelbäumchen, die Seite an Seite an einem Grashang wuchsen, als ob sie einer Wurzel entsprängen.

Die Familien von White Lance und Red Willow Woman legten die sterblichen Überreste der beiden auf denselben Scheiterhaufen. Die Jahre vergingen und die Bäumchen wuchsen zu mächtigen, starken Bäumen heran, deren obere Äste ineinandergeschlungen waren, wie Hände, deren Finger ineinandergreifen.

Als weitere Jahreszeiten und Jahre ins Land gezogen waren, kamen die Menschen, um sich unter die zwei Pappeln zu setzen und sich in deren Schatten die Geschichte von den zwei jungen Liebenden zu erzählen: vom Mädchen mit den wunderschönen dunklen Augen und dem aufrechten, großen Mann. Und wenn die Geschichte erzählt wurde, raschelte der Wind in den Blättern der zwei Pappeln, bis sie wie zwei sanfte Stimmen klangen, deren Gesang zu einer Einheit verschmolz, zwei Stimmen, die sich zu einer einzigen verbanden.

Vor einigen Jahren fuhr ich zum Great Muddy River, der jetzt Missouri heißt. Ich ging alleine dorthin. Ich hatte jemanden verloren, der mir viel bedeutete, eine Freundin, deren

Leben gerade erst begonnen hatte, als es ihr schon wieder genommen wurde. Ich wanderte an jenen Ufern entlang und betrachtete das Wasser und erinnerte mich an die Geschichte von der Frau mit den dunklen, wunderschönen Augen und ihrem aufrechten, großen Krieger. Ich ruhte mich im Schatten eines jungen Pappelwäldchens aus. Es gab keine Möglichkeit, herauszufinden, ob ich in der Nähe der Stelle war, wo die zwei Pappeln gestanden hatten, doch ich hatte gehört, dass man noch lange, nachdem die zwei Bäume umgefallen und zu Staub zerfallen waren, ihre Stümpfe sehen konnte. Ich entdeckte keine Baumstümpfe, doch ich konnte überall um mich herum die raschelnden Blätter junger Pappeln hören, die von sanften Brisen umschmeichelt wurden, und es war mir, als würde ich Stimmen singen hören. Vielleicht war es nur mein gebrochenes Herz, das sich nach Trost sehnte, doch man konnte sich gut vorstellen, dass diese jungen Pappeln die Kinder jener waren, die vor langer Zeit hier gestanden hatten.

Die Geschichte vom Flötenbauer

Er erwachte unter den tiefen Ästen einer alten Zeder durch einen kalten Windhauch, der sein Gesicht umhüllte. Einen Augenblick lang wusste Cloud nicht, wo und warum er hier war. Dann erinnerte er sich, was ihn zu diesem Grasbett unter der Zeder geführt hatte, und der Schmerz der Erinnerung raubte ihm den Atem.

„Mein Vater hat die von Hollow Horn überbrachten Geschenke angenommen“, hatte Dawn Woman zu Cloud gesagt, nachdem er den ganzen Abend am Weg, der zum Fluss führt, auf sie gewartet hatte. „Hollow Horn ist ein anständiger Mann und ein guter Ernährer. Er wird sich gut um mich kümmern.“

„Aber du bist immer in meinen Gedanken! Du bist in meinem Herzen, seit wir kleine Kinder waren. Hast du die Versprechen vergessen, die wir uns gegeben haben?", flehte er.

„Wir waren nur Kinder", hatte sie geantwortet. „Und was ist das Versprechen eines Jungen gegen die Härte des Lebens?"

„Mein Versprechen ist alles, was ich habe", hatte er gesagt. „Es gab eine Zeit, da ließ das dein Herz höher schlagen. Und du kannst mir nicht erzählen, dass es dir beim Gedanken an mich nicht immer und immer wieder so ergeht."

Cloud musste zusehen, wie Dawn Woman in der Dämmerung verschwand, um bald darauf Hollow Horns Frau zu werden. Angetrieben von einem grauenvollen kalten Schmerz, der sein ganzes Dasein erschütterte, hatte er den Fluss überquert und war durch die Prärie gelaufen. Er versuchte, gegen den Schmerz in seinem Herzen anzulaufen, er rannte, bis alle Kraft aus seinen Beinen wich und er sich nur noch unter einen Baum fallen lassen konnte. Nur im Schlaf ließ der Schmerz nach. Doch jetzt war er wie eine wilde Flut zurückgekehrt.

Er konnte nichts anderes tun, als sich zusammenzukauern. Als der nächste Morgen anbrach, lag er da wie ein Stein. Eine Amsel ließ sich auf den Zweigen über ihm nieder. Ameisen krabbelten auf ihm, doch er beachtete sie nicht, und obwohl seine Augen geöffnet waren, nahm er nichts wahr. Als die Sonne fast im Zenit stand, kam Wind auf. Erst als er einen schwachen, traurigen Laut vernahm, begann er sich zu bewegen, und auch nur weil diese Stimme ein Echo seines gebrochenen Herzens war.

Die Stimme wurde mit zunehmendem Wind lauter und sie verblasste, wenn der Wind abflaute. Cloud dachte, dass es seine eigene Stimme sei, die den Schmerz in seinem Herzen hinausschrie, da dieser Ton so leer, gequält und ziellos klang.

Er wusste zwar nicht warum, aber er beschloss, die Quelle der Stimme zu suchen. Er kroch unter dem Zedernast hervor und stolperte durch ein Wäldchen am Ufer eines Baches. Je klagender die Stimme wurde, desto mehr zog es ihn zu einer besonders alten, windgepeitschten Zeder. Dort, in der Mitte der Baumkrone, befand sich ein toter Ast, der dünner als sein Handgelenk war. Ein hohler Ast mit Löchern, die vielleicht Spechte hineingebohrt hatten. Und bei jedem Windstoß schien der Ast zu weinen. Cloud hatte die Stimme gefunden.

Er saß da und hörte zu, gefesselt von den traurigen Tönen, die von der Willkür des Windes erzeugt wurden. Bei Sonnenuntergang wurde der Wind schwächer und somit auch die Stimme. Cloud kletterte auf die alte Zeder und inspizierte den hohlen Ast. Er konnte sehen, dass er schon lange tot war. Er war durch die Würmer getötet worden, nach denen die Spechte gesucht und dabei die Löcher geschaffen hatten, durch die der Wind strömte und so die seltsam traurige Stimme erzeugte.

Cloud brach den Ast ab und kletterte nach unten. Er saß am Flussufer und blies durch die hohle Öffnung, doch die traurige Stimme erklang nicht. Er bemerkte, dass der Ast der Pfeife aus Adlerknochen glich, die ihm sein Vater geschenkt hatte, und nahm an, dass er ähnlich funktionieren würde. Nachdem er ein kleines Holzstück über dem obersten Loch platziert hatte, war es ihm geglückt, dem hohlen Ast einen Ton zu entlocken. Zuerst war es nur ein einfaches Geräusch, doch schließlich gelang es ihm, den Ast zum Singen zu bringen, ähnlich wie es der Wind getan hatte.

Während die Sonne unterging, unterbrach Cloud seine Tätigkeit, um trockenes Holz zu sammeln und ein Feuer zu entfachen. Er hatte keine Lebensmittel, und sein einziger Schutz war das Steinmesser an seinem Gürtel. Doch das spielte keine Rolle, denn sein Herz war gebrochen. Selbst wenn ihn der große Grizzlybär in der Nacht heimsuchen würde oder sogar in diesem Moment ein Feind ihn belauerte, war er im Innern ohnehin schon gestorben. Dawn Woman sollte die Frau von Hollow Horn werden und seine Kinder gebären. Das Leben hatte keinen Sinn mehr.

Er hielt das Feuer bis weit in die Nacht in Gang und blies und blies auf dem hohlen Ast. Er entdeckte, dass er die Tonhöhe verändern konnte, wenn er seine Fingerspitzen auf die fünf Löcher legte. Außerdem linderte es seltsamerweise den Schmerz in seinem Herzen, wenn er dem Ast eine Stimme entlockte. Also blies er und brachte den Ast zum Singen, bis er erneut vor Erschöpfung zusammenbrach.

Am Morgen lag er zusammengekauert neben der erkalteten grauen Asche seiner Feuerstelle, seine Arme um den hohlen Zweig geschlungen. Er erwachte verwirrt, zerzaust, hungrig und mit einem noch immer gebrochenen Herzen. Dann stolperte er zum Fluss, wusch sein Gesicht, nahm einen großen Schluck und sah im Wasser einen einsamen jungen Mann.

Er verbrachte den ganzen Tag in dem Wäldchen und spielte auf dem hohlen Ast. Als die Sonne unterging, konnte er den Ast besser zum Singen bringen, als der Wind es gekonnt hatte. Durch den Zweig ertönte die Stimme seines schmerzerfüllten Herzens, mit hohen und tiefen, klagenden Tönen. Aus dem Ende des Astes schnitzte er mit seinem Messer einen Kranichkopf mit Schnabel. Wenn er den Ast zum Singen brachte, verstummten das Land und seine Bewohner, um der Stimme eines gebrochenen Herzens zu lauschen.

Eine weitere Nacht brach an, ein weiteres einsames Feuer brannte. Eine weitere Morgendämmerung fand ihn in seinem Schmerz neben der kalten Asche liegend vor. Den Hunger konnte er verdrängen, doch die einzige Medizin gegen seinen Schmerz war der singende hohle Ast. Da er und der Wind dem Ast eine Stimme entlockt hatten, beschloss er, den Ast *Hokagapi* zu nennen, was „Laute erzeugen" bedeutet. Es handelte sich natürlich um eine Flöte.

Ein weiterer Tag verstrich. Cloud konnte auf seiner Flöte

spielen, er ließ sie für ihn weinen und verlieh seinem unendlichen Schmerz eine Stimme. Bisweilen legte er eine Pause ein, um an seiner Flöte zu arbeiten – er verzierte das Instrument und brachte alle Grifflöcher auf eine einheitliche Größe. Er hatte drei Tage lang nichts gegessen. Schwach und fantasierend glaubte er, Dawn Woman an seinem Feuer stehen zu sehen. Als er seine Hände nach ihr ausstreckte, schien sie vor ihm davonzulaufen. Deshalb folgte er ihr. Einige Zeit später irrte er ziellos durch die Prärie, spielte Flöte und es war ihm egal, wohin er ging.

Als Cloud aus seinem fieberähnlichen Traum erwachte, fand er sich an einem Fluss wieder. Er wusch sein Gesicht, taumelte in den Schatten eines Baumes und begann, auf seiner Flöte zu spielen, um seinen Kummer zu vertreiben. Die Töne, die aus seiner Flöte kamen, stiegen, fielen, schluchzten und schrien den Schmerz aus seinem tiefsten Innern hinaus. Plötzlich vernahm Cloud Stimmen, und als er seine Augen öffnete, merkte er, dass er sich am Flussufer gegenüber seinem eigenen Dorf befand. In seinem Wahn hatte er den Weg nach Hause gefunden. Alle Frauen des Dorfes, alte und junge, standen am anderen Flussufer, starrten ihn an und hörten ihm zu, wie er auf seiner Flöte spielte. Unter ihnen war Dawn Woman.

Der Schmerz über ihren Verlust verschlang ihn wie eine Sturzflut. Ihm blieb nichts anderes übrig, als auf seiner Flöte zu spielen und sie seinen Schmerz hinausschreien zu lassen. Die trällernde Stimme seiner Flöte stieg und fiel, seufzte und schluchzte in sanften, herzerweichenden Tönen. Cloud bemerkte, dass die Frauen von der Stimme des hohlen Astes genauso angezogen waren, wie er es gewesen war, als er sie zum ersten Mal gehört hatte. Unter der Menschenmenge befanden sich keine Männer, nur Frauen: Alte Frauen, junge Frauen und Mädchen, sie alle waren von der weinenden Flöte verzaubert, darunter auch Dawn Woman.

Schon bald überquerte Dawn Woman den Fluss und stand mit gesenktem Blick vor ihm. Immer wieder warf sie ihm deutliche Blicke zu, wenn seine Flöte erklang.

„Es gab eine Zeit, in der ein junger Mann, den ich kannte, mein Herz zum Fliegen brachte", sagte sie sanft.

Cloud hörte auf zu spielen.

„Jetzt singt er ein seltsames Lied, das mein Herz traurig macht. Was tust du mir an?"

„Ich verleihe meinem Schmerz eine Stimme", antwortete er, „da die junge Frau meines Herzens die Frau eines anderen geworden ist. Die Geister haben mir deshalb diese *Hokagapi* gegeben. Ich kann ihr Herz nicht mehr zum Fliegen bringen."

„Kann deine *Hokagapi* auch freudig singen?", fragte Dawn Woman.

„Ich kann keine Freude ausdrücken, weil ich keine empfinde, denn ich bin es, der diesem Instrument seine Stimme verleiht."

„Aber ich empfinde Freude über deine Rückkehr", sagte sie. „Nachdem du fortgegangen bist, wusste ich, dass das Leben ohne dich einsam sein würde. Denn du bist in meinem Herzen und wirst es immer sein. Ich würde niemanden außer dir zum Mann nehmen."

Cloud traute seinen Ohren nicht, doch er sah die Wahrheit in Dawn Womans Augen. Sein Herz flog und er begann, auf seiner Flöte zu spielen. Dieses Mal kündete das Lied der Flöte von Zuversicht, Hoffnung und Freude, die Töne stiegen und fielen, wie der Wind, der über die Prärien tanzt. Es war das Lied des Lebens. Und wieder waren alle Frauen verzaubert und fühlten sich zur Stimme der Flöte hingezogen.

Die Jahre gingen ins Land, und der Verbindung von Cloud und Dawn Woman entsprangen zwei Söhne. Als sie heranwuchsen, lehrte Cloud, der weit und breit als der Flötenbauer bekannt war, sie Flöte zu spielen. Junge Männer und Knaben kamen zu Cloud und baten um Unterricht und so brachte er ihnen allen bei, wie man eine Flöte herstellt und spielt. Und er erzählte ihnen, wie ihn die Geister zur *Hokagapi* geführt hatten und die Verzweiflung seines gebrochenen Herzens in Freude über einen in Erfüllung gegangen Traum verwandelt hätten. Deshalb schwingt bei jeder Flöte auch immer ein dumpfer Ton von Traurigkeit mit, erzählte er ihnen, um alle daran zu gemahnen, dass die Flöte zwar gespielt wird, um ein Herz zu gewinnen, dass aber die Liebe immer auch das Risiko eines gebrochenen Herzens birgt. So ist die Liebe.

Seither kann man an Sommerabenden, wenn die Glühwürmchen in der Abenddämmerung blinken, süßen Flötentönen lauschen, die aufreizend die Flusstäler landauf und landab gespielt werden und deren Klang die Herzen aller Frauen, ob jung oder alt, berühren. *Hokagapi*, die Flöte, die aus der Verzweiflung geboren war, wurde zur Stimme des Werbens, der Zuversicht, der Hoffnung – und der Liebe.

Mann und Frau, Pfeil und Bogen

Ich hatte das Glück, zwei Adler bei ihrem Balz- und Paarungsritual zu beobachten. Sie begannen ihren Tanz hoch über der Erde, wo sie weit in die Lüfte aufstiegen und in einer Umarmung zusammenkamen, die einen an den anderen kettete. Aneinandergeklammert stürzten sie sich in Richtung Erde. Als ich dachte, dass sie bestimmt gleich auf den Boden aufschlagen würden, ließen sie voneinander ab, gewannen wieder an Höhe und begannen von Neuem. Ich beobachtete dieses atemberaubende Schauspiel voller Ehrfurcht und Faszination, als mir plötzlich klar wurde, dass ich beobachtete, wie sich das selbst Leben im Gleichgewicht hielt – ebenso wie die Adler ihren Lebenszweck erfüllten und ihrer Bestimmung entsprachen.

Die Welt funktioniert am besten, wenn sie im Gleichgewicht ist. Die Wissenschaft sagt, dass jede Aktion eine entgegengesetzte und gleich starke Reaktion hervorruft; eine nüchterne, emotionslose Prämisse, die auf eine dynamische Wahrheit hindeutet. Hoch und runter, hin und her, Nacht und Tag, kalt und heiß, männlich und weiblich, Mann und Frau: In Gleichgewicht und Symmetrie liegen Schönheit und Kraft. Man kann das auf viele Arten beschreiben und bildlich ausdrücken, aber ich erzähle am liebsten die Geschichte von Pfeil und Bogen, die in alten Zeiten oft den Höhepunkt von Hochzeitsritualen bildete.

In jener Zeit führte ein sehr alter Mann die Zeremonie durch und sprach zu allen Menschen, die sich versammelt hatten. In seinen Händen hielt er einen Bogen und einen Pfeil. Er erklärte, dass ein Bogen ohne den Pfeil wertlos sei und umgekehrt. Wenn man nur einen Bogen allein betrachtet, fragt man sich, wo der Pfeil ist. Das gilt auch für den Pfeil, denn der eine ist ohne den anderen nicht im Gleichgewicht. Aber die Beziehung zwischen Pfeil und Bogen ist mehr als bloße Zusammengehörigkeit. Damit sie wirksam sind, muss der Pfeil richtig fliegen. Deshalb muss er vollkommen gerade sein. Allerdings kann er, wie gerade er auch immer fliegen mag, sein Ziel nur erreichen, wenn der Bogen stark ist. Der eine kann ohne den anderen seine Bestimmung nicht erfüllen.

Die Ehe meiner Großeltern war mehr oder weniger von der Mutter meiner Großmutter arrangiert worden. Nach dem Tod ihrer Mutter würde meine Großmutter ein beträchtliches Stück Land erben, und meine Urgroßmutter wollte, dass jemand ihren Besitz schützte. Meine Urgroßmutter Mollie hatte schon eine hohe Meinung von meinem Großvater gehabt, als er noch ein junger Mann war. Sie sprach mit seiner Mutter, meiner Urgroßmutter Elizabeth, und die Vorbereitungen wurden getroffen.

Mein Großvater war ein ruhiger, tüchtiger Mann, ein sehr bescheidener Mensch, der immer alle sehr respektvoll behandelte. Ich nehme an, dass seine spätere Schwiegermutter genau diese Eigenschaften an ihm schätzte. Meine Großeltern heirateten 1920 und ihre Ehe hielt, bis mein Großvater 1975 starb.

Meine Großeltern mütterlicherseits haben mich aufgezogen. Ich war praktisch ihr drittes Kind. Wenn sie jemals laut wurden, so taten sie es nicht in meiner Gegenwart. Sie lehrten mich das Leben nicht so sehr durch Lehrsätze als dadurch, dass sie es mir vorlebten. Ich kenne kein anderes Ehepaar außer meinen Großeltern väterlicherseits, die sich respektvoller behandelten. Der Respekt wurzelte fest in einer bedingungslosen Liebe. Ich konnte nie an den einen denken, ohne auch an den anderen zu denken, damals nicht und heute nicht. Und als sie die Beziehung zwischen Pfeil und Bogen beschrieben, sprachen sie über sich selbst.

Wenn sie jemals eine Schwäche zeigte, dann war es der verlorene Blick, den das Gesicht meiner Großmutter manchmal in den Jahren verriet, nachdem mein Großvater gestorben war. Bis zwei Tage vor ihrem Tod war mir nicht klar, wie sehr sie ihn vermisste. Ich stand am Fußende ihres Bettes im Krankenhaus und wartete darauf, dass die Krankenschwester das Zimmer verließ. Kurz nachdem die Schwester gegangen war, wandte meine Großmutter den Kopf zur Linken und sprach. „Erinnerst du dich an die Blockhütte am Fluss?", fragte sie ruhig, obwohl ein Schlauch in ihrem Hals steckte. Ich wollte gerade antworten, dass ich mich nicht daran erinnern konnte, als mir bewusst wurde, dass sie nicht mich ansah. Sie sah auf einen bestimmten Punkt links vom Fußende des Bettes. Dort war niemand, zumindest niemand, den ich sehen konnte. Aber niemand kann mir erzählen, dass mein Großvater nicht dort stand. Niemand kann mir erzählen, dass er nicht nach ihr schaute. Niemand kann mir erzählen, dass er nicht im Zimmer war und auf sie wartete, als sie zwei Tage später früh am Morgen starb.

Wir gaben meiner Großmutter ihre letzte Ruhestätte neben meinem Großvater. Als meine Brüder, ich und unsere Cousins das Grab mit Erde füllten, musste ich plötzlich in den Himmel blicken. Dort, hoch über dem Friedhof, glitten zwei Adler gemeinsam durch die Lüfte.

Die wunderbare Beziehung meiner Großeltern mütterlicherseits währte ein Leben lang. Auch meine Großeltern väterlicherseits waren 55 Jahre verheiratet gewesen, als mein Großvater Marshall 1974 starb. Beide Paare waren eine Verbindung eingegangen, die niemals schwankte, und ich weiß ohne den geringsten Zweifel, dass sie sich wirklich geliebt haben. Ihre Verbindung ging über ihren Tod hinaus.

Liebe und Hoffnung sind mehr als der Wunsch zweier Menschen, beisammen zu sein. Sie bergen auch den Wunsch nach Gleichgewicht und Harmonie. In einer perfekten Welt finden zwei Menschen, die sich aufrichtig lieben, immer zueinander. Wir wissen, dass das in der wirklichen Welt nicht immer der Fall ist oder dass es auf eine Art passiert, die wir nicht immer verstehen. In der „Geschichte von den Pappeln“ wussten der Ehemann und die Ehefrau, die schließlich selbstlos den Weg frei machten, dass es das Richtige war, sich zu opfern, ganz gleich, wie schmerzvoll es sein würde. Die Verbindung von White Lance und Willow Woman war ein Beispiel dafür, wie die Welt an Kraft gewann, indem sie sich noch etwas mehr in Richtung Gleichgewicht und Harmonie bewegte. Und als die Liebenden ihr Leben frühzeitig verloren, fand das Leben selbst einen Weg, sie für ihre Liebe und Hingabe zu belohnen und das Gleichgewicht zu wahren.

Der junge Mann in der „Geschichte des Flötenbauers“ war verständlicherweise am Boden zerstört, als die Liebe seines Lebens ihn zurückwies. Aus seinem Schmerz und seiner Verzweiflung entstand die Flöte und sie wurde zur Stimme seines Liebeskummers. Als er spielte, hielt die ganze Welt inne, um zuzuhören, denn der Verlust des jungen Mannes war nicht nur sein persönlicher. Cloud ohne Dawn Woman stellte ein Ungleichgewicht dar, wie der Sonnenaufgang ohne den Sonnenuntergang, Dunkelheit ohne Licht, Oben ohne Unten, der Bogen ohne den Pfeil. Doch als Dawn Woman erkannte, dass der einzige Weg darin bestand, ihrem Herzen zu folgen, wurde das Gleichgewicht wiederhergestellt und so wurde aus der Flöte ein Instrument der Hoffnung. Jedes Mal, wenn eine Flöte ertönt, wird auch immer ein Ton von Traurigkeit mitklingen, selbst wenn sie von Hoffnung und der Aussicht auf Glück erzählt. Sie erinnert uns daran, dass jedes Ding zwei Seiten hat und die Welt am besten funktioniert, wenn sie im Gleichgewicht ist.

6. AUFOPFERUNG

Icicupi (ii-tschii-tschu-pii) –
Sich selbst oder eine Opfergabe darbringen

Die Geschichte vom Gewitter

Einst gingen die Männer mit mehr als einer Frau den Bund der Ehe ein. Heute fragen wir uns, wie es wohl wäre, mehr als nur eine Frau zu haben. Manchmal lachen wir darüber und einige von uns mögen tief in ihrem Innern etwas neidisch sein. Damals jedoch bedeutete es für einen Mann, wenn er mehr als eine Frau hatte, dass er härter arbeiten musste. Er musste mehr Essen, mehr Fleisch und mehr Tierfelle für die Kleidung besorgen. Also musste er öfter auf die Jagd gehen. Und wenn mehr Kinder kamen, dann musste er dementsprechend noch mehr arbeiten. Es ging nicht allein um den Reiz, mehr als eine Frau zu haben. Meistens hatte es einen praktischen Grund, beispielsweise wenn ein Mann die Frau eines Freundes heiratete, der in der Schlacht ums Leben gekommen war. Oder er heiratete die jüngere Schwester seiner Frau, weil die erste Frau es so wollte. Manchmal verliefen die Dinge reibungslos und manchmal nicht.

So war es auch im Fall einer Frau, die in der Zeit vor der Ankunft der Pferde lebte. Die Menschen waren aufs offene Land gezogen. Auf den von uns Great Plains genannten weiten Ebenen befanden sich zwischen Great Muddy River, den Black Hills im Westen, dem Running Water River im Süden und dem Knife River im Norden verstreute Lager. Einige waren ein bis zwei Tagesreisen voneinander entfernt, andere lagen viele, viele Tage auseinander.

In einem Dorf, das unmittelbar östlich der Black Hills lag, wohnte eine Frau namens *Sina Luta,* oder Red Shawl. Sie hatte einen Mann geheiratet, der sie gut versorgte und einen guten Ruf hatte. Lange Zeit blieben sie kinderlos, doch dann gebar die Frau ihm einen Sohn. Deshalb war sie überrascht, als ihr Mann verkündete, dass er sich eine jüngere Zweitfrau nehmen würde.

In einem anderen Dorf hatten ein alter Mann und eine alte Frau ihre Enkeltochter aufgezogen, nachdem beide Elternteile in einem Schneesturm erfroren waren. Als die Großeltern älter wurden, wollten sie ihre Enkelin Necklace mit einem guten Ehemann verheiratet wissen. Deshalb hatten sie sich an White Wing, Red Shawls Ehemann, gewandt und er hatte zugesagt.

Red Shawl hätte niemals gedacht, dass sie ihren Mann mit einer anderen Frau würde teilen müssen. Sie war eifersüchtig, obwohl sie als Erstfrau die Frau an seiner Seite sein würde und diejenige, die im Haus das Sagen hatte. Als White Wing sich auf den Weg machte, um seine neue Frau nach Hause zu holen, suchte Red Shawl ein paar Habseligkeiten zusammen, griff sich Pfeil und Bogen, die er für sie angefertigt hatte, und schlich sich mitten in der Nacht davon. Sie warf den Lagerhunden einige Fleischbrocken zu, damit sie nicht bellten und die Wachposten, die rund um das Lager aufgestellt waren, nicht warnen würden.

Sie erzählte niemandem von ihrem Plan. Als die Tür ihrer Hütte einige Tage verschlossen blieb, ahnten die Menschen, dass sie sich auf und davon gemacht hatte, aber niemand wusste, wohin sie gegangen sein könnte. Einige hatten bereits erlebt, dass die Erstfrau aus Eifersucht wegzog.

Red Shawl reiste in Richtung Osten, da sie vorhatte, zu ihrem Vetter zu ziehen, der einem unmittelbar westlich des Great Muddy River ansässigen Stamm angehörte. Sein Dorf lag viele, viele Tagesmärsche weit entfernt, doch wie alle Lakota-Frauen jener Zeit war Red Shawl stark und wusste sich zu helfen. Sie wusste, wie man jagt, wie man sich vor Feinden schützt und wie man ein sicheres, verborgenes Lager errichtet. Sie kam nur langsam voran, da sie ihre Waffen, einen großen ledernen Vorratsbehälter und ihren kleinen Sohn in seinem Wickelbrett mit sich trug. Er war nicht schwer, aber er musste immer noch gestillt werden, sodass sie oft gezwungen war, eine Pause einzulegen, um ihn zu füttern. Nachdem sie mehrere Tage gewandert war, beschloss sie, ein Lager aufzuschlagen, um ihren müden Füßen einen Tag Ruhe zu gönnen. Zwischen den schützenden Ästen zweier Stachelnachtschattenbüsche, die hoch oben an einem Abhang standen, errichtete sie ein gemütliches Lager und verbrachte den Tag mit ihrem Kind spielend. Sie war immer noch bestürzt über die Hochzeit ihres Mannes mit einer Zweitfrau. Ihr Herz war gebrochen, aber sie zwang sich, nicht daran zu denken.

Am Nachmittag wurden beide von einem warmen Wind in den Schlaf gesungen. Gegen Sonnenuntergang weckte sie ein tiefes Gewitterdonnern und Red Shawl sah die dunklen, grauen Gewitterwolken, die den blauen Himmel vertrieben hatten. Blitze zuckten zwischen den dicken, zusammengeschobenen Wolken und verwandelten den Wind in wütende Böen, die die Büsche jäh niederdrückten und schüttelten. Red Shawl klaubte ihre Sachen zusammen und beschloss, nach einem Ort zu suchen, der einen besseren Schutz vor Regen bot, da sie wusste, dass bald ein Schauer niedergehen würde. Sie entsann sich eines niedrigen Apfelbeerendickichts, das nicht weit entfernt stand, und eilte in dessen Richtung.

Ein Sommergewitter ist eines der mächtigsten der Wesen, die über der Prärie wohnen, gleich nach dem Tornado, der Bäume zu entwurzeln vermag und den Himmel mit seiner furchterregenden Dunkelheit erfüllt. Red Shawl hatte noch nie einen Sturm dieser Art gesehen, hatte aber große Angst davor. Sie musste sich gegen die Böen stemmen, um nicht zu stürzen, und ihr Gesicht vom Wind abwenden, damit es nicht von Blättern gepeitscht wurde. Sie bedeckte das Wickelbrett ihres Babys, da kleine Zweige wie Pfeile durch die Luft schossen und Staubkörnchen in ihre Augen stachen.

Ein mächtiger Windstoß riss ihr Vorratspaket davon und schleuderte es weit weg, und beinahe hätte sie auch das Wickelbrett verloren. Die letzten paar Meter zu dem niedrigen Gebüsch legte sie auf allen vieren zurück, wobei sie das Baby mit ihrem Körper bedeckte, um es vor dem Wind zu schützen, der jetzt ein ständiges Dröhnen in ihren Ohren war. Ihr Lebensmittelvorrat und ihre Waffen waren verschwunden. Sie schob sich tiefer in das Gebüsch hinein und rollte sich mit dem Rücken zum Wind zusammen.

Dann fielen, vom Wind getrieben, schwere, kalte Tropfen nieder, die sich auf der bloßen Haut wie Kieselsteine anfühlten. Red Shawl konnte nichts weiter tun, als sich über ihr Baby zu kauern, um es vor dem Sturm zu schützen. Der Regen verwandelte sich in einen Wolkenbruch, der das Land überschwemmte. Sie war vollkommen durchnässt und ihre Kleidung aus Hirschhaut war kalt und schwer. Ganz allmählich ließ der Wind nach, doch der Regen fiel weiter auf das Land. Kleine Rinnsale von Regenwasser flossen um sie herum, und Red Shawl musste das Wickelbrett hochheben, um ihr Baby möglichst trocken zu halten. Sie wischte sich das Wasser aus den Augen und versuchte, einen möglichst hoch gelegenen Ort, einen Hügel oder einen Felskopf auszumachen, da sie wusste, dass das der sicherste Platz wäre.

Red Shawl war bei einem Unwetter noch nie allein gewesen. Wenn früher im Winter die heftigen Schneestürme über das Land fegten, hatte die Hütte ihrer Eltern Sicherheit geboten. Wenn im Frühjahr oder im Sommer plötzlich Stürme aufzogen, schlug jeder im Lager die Erdnägel fester in den Boden und schloss die Zelttür. Umgeben von vielen Menschen erschien einem die drohende Gefahr nicht so schlimm. Als jetzt der kalte Regen auf ihr Gesicht prasselte, erkannte Red Shawl, was es bedeutete, ganz auf sich gestellt zu sein. Sie war ganz allein in einem dunklen Land, das so weit reichte, wie sie sehen konnte.

Sie klammerte sich fest an das Wickelbrett und machte sich auf den Weg zur Südseite einer langen Schlucht, in der Hoffnung, den Bergrücken erklimmen zu können, um dort Schutz zu finden, irgendeine Art Schutz. Da das Rutschen und Schlittern im Schlamm sie Kraft kostete, blieb sie im Windschatten einer mächtigen Pappel stehen, um sich ein wenig auszuruhen. Es regnete immer heftiger, bis alle tieferen Lagen mit Wasser vollgelaufen waren. Ein schwaches Wimmern erinnerte sie daran, dass ihre Brüste voller Milch waren und es Zeit wurde, das Baby zu füttern. Sie wandte sich vom Regen ab, so gut sie konnte, öffnete die Hülle des Wickelbretts und fütterte das hungrige Kind. Für einige Augenblicke vergaß sie den Regen und genoss die Nähe zu ihrem Sohn. Er war so hungrig, dass er schon bald ihre Brust leergesaugt hatte und sie ihn an die andere anlegte.

Red Shawl zitterte an den Baum gelehnt in ihren nassen Kleidern, doch sie war dankbar, dass es ihr gelungen war, ihr Baby so trocken wie möglich zu halten. Der jähe Sturm hatte sie aufgerüttelt und daran erinnert, dass das Leben eine Reise war, die allerlei Überraschungen bereithielt, beispielsweise eine zweite Frau für ihren Mann. Sie verstand, dass die Zweitfrau nicht ihren Platz einnehmen sollte, sondern dass es darum ging, einem Menschen, der einen Ernährer und Beschützer brauchte, ein Zuhause zu geben.

Red Shawl betrachtete ihren Sohn, seine vertrauensvollen Augen. Ihr Anfall kindischer Eifersucht hatte ihn in Gefahr gebracht. Sie fühlte sich klein und dumm. Sie beschloss, nach Hause zurückzukehren, sobald der Sturm vorüber wäre. Der Wind hatte ihre Lebensmittel und ihre Waffen mitgerissen, und es wäre mehr als töricht, die Reise fortzusetzen. Vielleicht, dachte sie, will mir der Wind eine Lektion erteilen. Red Shawl drückte ihren Sohn an sich, als sie ein dumpfes, polterndes Geräusch hörte.

Eine merkwürdige Art Donner schien vom Himmel hinabzurollen. Plötzlich begriff sie, dass dies kein Donner war, der aus den Wolken kam, und auch kein Wind. Es war eine Sturzflut, die eine tiefe Schlucht hinunterraste – die Schlucht, in der sie sich befand.

Red Shawl hatte in ihrem ganzen Leben nichts Derartiges gesehen wie die schwarzen, tosenden Wassermassen, die auf sie zukamen. Die aufgewühlten Wassermassen führten abgebrochene Äste mit sich, die sich wie Hände emporreckten und nach ihr griffen, um sie hineinzuziehen. Sie wusste, dass es keinen Zweck hätte zu rennen, sie wusste, dass die tosenden Massen sie mit sich reißen würden. Sie zwang sich, dem herannahenden Tod nicht ins Auge zu sehen, und wandte ihren Blick nach oben, wo er zufällig auf die Astgabel der mächtigen Pappel fiel. Es blieb keine Zeit, um hinaufzuklettern.

Sie stand auf, streckte sich so hoch hinauf, wie sie konnte, und zwängte das Wickelbrett in die Astgabel des Baumes. Sie band die Riemen um die Astgabel und betete, während sie immer noch weinte: „Großer Geist, nimm mich, wenn es sein muss, aber verschone meinen Sohn!“ Das kalte Wasser erfasste ihre Beine und der tosende schwarze Strom riss sie mit sich.

Als Red Shawl erwachte, war sie von Kälte und Dunkelheit umgeben. Ihr Körper schien vor Schmerz zu glühen, während sie immer wieder husten musste. Nachdem sie sich unter Schmerzen aufgerichtet hatte, stellte sie fest, dass sie sich in Sandbankweiden verfangen hatte. Sie nahm an, dass sie sich irgendwo in der Nähe eines Flusses oder eines Baches befand, da Sandbankweiden nur an Flussufern gedeihen. Dann vernahm sie das glucksende Geräusch von fließendem Wasser. Sie erinnerte sich an die Sturzflut und versuchte aufzuspringen. Ein heißer, stechender Schmerz in ihrem Fußknöchel hielt sie jedoch davon ab, und sie musste sich zurücklehnen, bis der Schmerz verschwunden war. Am schwarzen Nachthimmel sah sie die Sterne. Der Sturm war vorbei. Zitternd versuchte sie sich an alles zu erinnern, doch das Einzige, an was sie sich erinnerte, war das Bild der tosenden Wand schwarzen, trüben Wassers. Abgesehen von der kalten Nachtluft, dem Schmerz in ihrem Knöchel und der Fülle ihrer Brüste fühlte sie nichts und war ohne Erinnerung. Doch dann schien ihr Herz stehen zu bleiben. Ihre Brüste waren voller Milch, zum Stillen bereit. Ihr Baby! Wo war ihr Baby?

Die Erinnerungen an den vergangenen Tag packten sie und warfen sie in ein dunkles Loch der Verzweiflung. Sie hatte die Sturzflut überlebt, doch sie hatte ihr Kind verloren. Red Shawl krümmte sich im kalten, nassen Schlamm zusammen und weinte. Der Schmerz in ihrem Fußknöchel war nichts im Vergleich zu dem schneidenden Schmerz in ihrem Herzen. Sie raufte sich die Haare und riss an ihrer Kleidung, während sie den Schmerz aus ihrem tiefsten Innern hinausschrie. Dann schlug sie so lange auf den Schlamm ein, bis ihre Fäuste taub wurden.

Allmählich drang eine klare Erinnerung an die Flut in ihr Bewusstsein, ähnlich der Sonne, die die Sturmwolken vertreibt. Red Shawl erinnerte sich an die mächtige Pappel, sie erinnerte sich daran, wie sie das Wickelbrett in die Astgabel gezwängt und es festgebunden hatte. Sie weinte erneut, aber diesmal voller Hoffnung. Vielleicht hatte die Flut ihr Baby nicht weggespült. Vielleicht war die Pappel stark genug gewesen, um dem tosenden Wasser standzuhalten. Sie ignorierte die Schmerzen in ihrem Knöchel, richtete sich auf und humpelte durch die Dunkelheit. Es galt nur eines zu tun: den Baum zu finden.

Obwohl der Himmel voller Sterne war, war der Mond nicht zu sehen. Während ihr Bewusstsein immer klarer wurde, konnte sie überall um sich herum die Kojoten bellen hören, dann das Heulen der Wölfe in weiter Entfernung. Im Dunkeln gab es aber weitaus gefährlichere Dinge als Kojoten oder Wölfe: Bären sind bekannt dafür, dass sie Zweibeiner verstümmeln oder töten. Genau wie Pumas. Umso wichtiger war es, ihr Baby zu finden.

Red Shawl hörte, wie die Vögel zu erwachen begannen, und bemerkte dann einen hellen Schimmer am Horizont. Die Morgendämmerung war angebrochen. Das bedeutete, dass sie den Großteil der Nacht bewusstlos gewesen war. Sie fragte sich, wie weit die Flut sie wohl fortgetragen hatte. Ganz langsam wurde es heller und die Schatten nahmen die Gestalt von Hügeln und Bäumen an. Das Warten fiel ihr schwer, aber sie wusste, dass es vernünftiger war, Geduld zu haben und zu warten, bis es heller wurde.

Sie war froh, dass sie wusste, wo Osten war. Das Licht ermöglichte es ihr, einen Blick auf ihren verletzten Knöchel zu werfen. Er war stark verstaucht, aber sie konnte sich nicht erinnern, wie es passiert war. Irgendwo in weiter Ferne vernahm sie das Brüllen eines Büffels und den durchdringenden Ruf einer Rotdrossel, die ihr Morgenlied trällerte. Das Leben begann jeden Tag von Neuem, und Red Shawl betete, dass ihr Kind noch irgendwo am Leben war.

Die Habichte stiegen zum Himmel auf und segelten durch die kühle Morgenluft. In der Nähe musste sich ein Fluss befinden, da das Tal voller Bäume war und feuchter Dunst über ihnen hing. Sie erkannte das Land jedoch nicht. Sie war weit entfernt von der Heimat, doch wie alle Lakota war sie eine erfahrene Wanderin, die auf ihrem Weg immer wieder zurückblickte – das hatte man ihr schon als Kind beigebracht. Sie würde ein Land erkennen, durch das sie gewandert war. In der Hoffnung, nicht allzu weit fortgetragen worden zu sein, hielt sie Ausschau nach dem Abhang mit der mächtigen Pappel, doch sie konnte nichts dergleichen entdecken.

Als die ersten Sonnenstrahlen ihr Gesicht berührten, stand sie auf und ging nach Westen. Red Shawl überlegte: Der Sturm war aus westlicher Richtung gekommen und die Pappel, auf die sie ihr Kind gelegt hatte, stand an einem Abhang, der nach Osten zeigte. Die Flut war aus westlicher Richtung gekommen und hatte sie den Abhang hinunter nach Osten in Richtung des Flusses getragen. Der Fluss hinter ihr floss in Richtung Norden. Sie könnte zu ihrer Linken in Richtung Süden von der reißenden Strömung erfasst und zu dem Ort gebracht worden sein, an dem sie erwacht war. Nachdem sie alles noch einmal überdacht hatte, ging sie humpelnden Schrittes in südliche Richtung.

Red Shawl ignorierte das Hungergefühl in ihrem Magen. Der sanfte Morgenwind ließ sie zwar erschauern, doch er half, ihre Kleidung zu trocknen. Sie hatte weder Schuhe noch Hose, da die Flut ihre Mokassins und ihre Leggings fortgerissen hatte. Sie griff sich einen abgebrochenen Ast und benutzte ihn als Krückstock. Sie wusste, dass sie mit ihrem verletzten Knöchel nicht schnell laufen konnte, und versuchte deshalb, ein gleichmäßiges Tempo einzuhalten. Am Vormittag machte sie an einer kühlen Quelle Rast und trank kaltes Wasser. Die zunehmende Wärme des Tages ließ sie erneut Hoffnung schöpfen. Als sie gegen Mittag eine weitere Pause einlegte, um ihrem Knöchel etwas Ruhe zu gönnen, bemerkte Red Shawl, dass sie die geflutete Schlucht erreicht hatte. Die großen Mengen an zerbrochenen Ästen und niedergedrückten Sträuchern verkündeten ohne Worte die Geschichte der gestrigen Sturzflut.

Sie rang nach Luft, als sie die mächtige Pappel erkannte. Sie ignorierte ihren vor Schmerzen pochenden Knöchel und versuchte zu rennen, doch selbst als sie ganz nah an den Baum herangekommen war, konnte sie in den Zweigen kein Wickelbrett erkennen. Vielleicht, versuchte sie sich einzureden, ist das gar nicht der Baum. Doch die verwüstete Schlucht ließ keinen Zweifel zu. Sie ging zu dem Baum und wusste, dass sie hier gewesen war, sie wusste, dass sie ihren Sohn auf die rechte Astgabel gelegt und sein Wickelbrett dort festgebunden hatte. Nichts war mehr da.

Red Shawl fiel zu Boden und weinte. Wenn sie nur zu Hause geblieben wäre. Wenn sie sich nur nicht über die Zweitfrau ihres Mannes geärgert hätte. Sie wischte sich die Tränen ab, stand auf und folgte dem Weg der Flut, um nach dem Wickelbrett mit ihrem Sohn Ausschau zu halten. Der Weg der Zerstörung war nicht zu übersehen. Diesen Weg entlang war sie mitgerissen worden, und sie wunderte sich, dass sie noch am Leben war. Am Ufer drehte sie um und folgte dem Fluss in Richtung Norden. Als die Sonne im Westen unterging, hatte sie den Ort erreicht, an dem sie das Bewusstsein wiedererlangt hatte. Red Shawl hatte nichts gegessen und nur einmal etwas getrunken, aber es war ihr egal. Sie wollte nur noch sterben.

Wie am Tag zuvor säumten Wolken den westlichen Horizont. Doch an diesem Tag waren sie weiß und bauschig und nicht tief hängend und dunkel. Gegen eine kleine Eiche gelehnt, vergoss Red Shawl stumme Tränen. „Du, der du in den Wolken lebst", betete sie, „hab Mitleid mit meinem Sohn, er ist so klein und hilflos. Trag seine Seele zum Großen Geist. Und wenn du die Güte hättest, ich wäre gerne bei meinem Sohn."

Red Shawl weinte sich in den Schlaf. Sie erwachte kurz nach Sonnenuntergang durch ein eigenartiges Gefühl in ihren vollen Brüsten, das sie an ihren schrecklichen Schmerz erinnerte. Als die Nacht anbrach, musste sie erneut weinen, mächtige Schluchzer erschütterten ihren Körper. Glücklicherweise wurde ihr von Hunger geschwächter und erschöpfter Körper bald vom Schlaf übermannt.

Mitten in der Nacht erwachte sie aus einem furchtbaren Traum von dunklen, wirbelnden Wassermassen. Im Westen gab es entferntes Donnergrollen und Blitze. Sofort entsann sie sich ihrer Situation und verfiel erneut in tiefe Verzweiflung, da sie wusste, dass sie als Mutter und Ehefrau versagt hatte.

„Du, der du in den Wolken lebst“, betete sie ein weiteres Mal, als der Donner jenseits des Horizonts ertönte, „sei gnädig mit meinem Sohn. Bring ihn an einen sicheren Ort.“

Sie dachte daran, dass man sich ihrer niemals als gute Frau erinnern würde, sondern als eine törichte und eifersüchtige, die den Tod ihres eigenen Sohnes verschuldet hatte. Im Geist konnte sie ihn sehen, seine dunklen Augen, die sie voller Vertrauen ansahen. Das war alles, was ihr jemals von ihm bleiben würde.

Es wäre eine ehrenhafte Sache, wenn sie in ihr Dorf zurückginge, dachte sie, und White Wing mitteilte, dass ihr Sohn durch ihre Torheit zu Tode gekommen war. Doch selbst wenn er ihr vergeben könnte – sie selbst würde sich niemals verzeihen können. Red Shawl wusste, dass White Wing sie höchstwahrscheinlich nicht willkommen heißen würde, obwohl er ein guter Ehemann war. Es war wahrscheinlicher, dass sie aus dem Dorf verbannt werden würde und gezwungen wäre, den Rest ihres Lebens allein umherzuziehen.

Wieder erschien ihr im Geiste das weiche kleine Gesicht ihres Sohnes. Sie konnte auch seine sanfte Stimme hören. Vielleicht macht das der Kummer, dachte sie, während sie still vor sich hin weinte. Nachdem sie sich schließlich beruhigt hatte, vernahm sie die sanfte Stimme erneut. In ihrer Verzweiflung streckte sie ihre Hände aus und berührte etwas im Dunkeln. Ein Blitz durchzuckte den Himmel, und in diesem Augenblick der Helligkeit konnte sie das Wickelbrett sehen und ihren vor Hunger schreienden Sohn hören.

Zweifel überkamen sie. Sie rechnete damit, dass das Bild ihres Sohnes im nächsten Augenblick wieder verschwinden würde. Doch das tat es nicht. Stattdessen schrie er wieder. Mit einem Freudenschrei riss sie das Wickelbrett an sich und hauchte sein winziges Gesichtchen an. Er war da!

Red Shawls Freude war grenzenlos. „Danke dir, Großer Geist!“, rief sie. „Danke dir, der du in den Wolken lebst!“

Sie nahm ihren Sohn aus dem Wickelbrett und fütterte ihn. Er saugte gierig an ihren Brüsten und stillte seinen scheinbar nicht versiegenden Hunger. Danach trug sie ihn zum Wasser und sie badeten zusammen. Sie schliefen, von einem warmen Wind umschmeichelt, auf einem grasbedeckten Abhang ein. Bei Anbruch des neuen Tages traten sie die Heimreise an.

Am zweiten Tag erschien White Wing, und Red Shawl war erneut außer sich vor Freude. Ihre äußere Erscheinung verriet ihm, dass seine Frau und sein Sohn schwierige Zeiten durchlebt hatten. Er errichtete ein Lager und kümmerte sich um sie.

„Ich habe beschlossen, Necklace zurück zu ihren Großeltern zu bringen", sagte er. „Es gibt viele gute Männer, die sie zur Frau nehmen können."

„Nein", antwortete Red Shawl, „das würde Schande über sie bringen. Ich werde sie in unserer Hütte willkommen heißen, da ich als deine Erstfrau immer geehrt sein werde." Dann erzählte sie ihm von der Sturzflut und von ihrem Sohn, der ihr vom Gewitter genommen und wiedergegeben wurde.

Obwohl Red Shawl nie hinterfragte, warum sie ihren Sohn zurückbekommen hatte, fragte sie sich für den Rest ihres Lebens, wie es passiert war. Es war ein glückliches Geheimnis und eine Tatsache, die manchmal schwer zu glauben war und die sie als Geschenk betrachtete. Sie wusste, dass sie aus Dankbarkeit für dieses Geschenk etwas opfern musste, und deshalb nahm sie ihren rechtmäßigen Platz als White Wings Erstfrau an und hieß Necklace wie eine Schwester willkommen. Mit der Zeit kamen sie sich näher und beide waren überall als selbstlose und hingebungsvolle Mütter bekannt.

Red Shawls Sohn wuchs zu einem großen, starken Mann heran, der seiner Mutter treu ergeben war. An seinem 15. Geburtstag gab ihm White Wing den Namen, den seine Mutter für ihn ausgesucht hatte. Den Rest seines Lebens trug er den Namen *Wakinyan Aglipi*, Der vom Gewitter Zurückgebrachte.

Red Shawl lebte ein langes Leben und wurde von vielen als gute, weise Frau betrachtet. Wenn jemand sie für ihre Weisheit lobte, erzählte sie ihm die Geschichte, wie ihr Sohn zu seinem Namen gekommen war. Und wie selbst Torheit zu Weisheit führen kann.

Die Menschen, die sie kannten, lauschten ihrer Stimme, besonders im Frühjahr und im Sommer, wenn die Donner grollten und die Blitze die dicken, bauschigen Wolken durchzuckten. Sie hörten ihr zu, wenn sie vor ihrem Wigwam stand und ein Ehrenlied für jene sang, die in den Wolken lebten.

7. WAHRHEIT

Wowicake (wo-wii-jah-keh) –
Das, was wahr ist, so wie die Welt ist

Die Geschichte vom Gaunerlied

Iktomis Magen knurrte, als er aus der verlassenen Bärenhöhle kroch, in der er geschlafen hatte. Er erwachte hungrig, aber das war nichts Neues für Iktomi. Da er nichts so sehr liebte, wie zu schlafen, war er oft hungrig. Dennoch machte er sich keine allzu großen Sorgen. Er fand immer einen Weg, obwohl er kein guter Jäger war. Iktomi war eigentlich überhaupt kein Jäger. Seine einzige Fähigkeit bestand darin, dass er sehr durchtrieben war, eines der durchtriebensten Geschöpfe weit und breit. Er zog es vor, von der Arbeit oder von den Fehlern anderer zu leben. Darin war er sehr gut. Das war die Wahrheit über Iktomi.

Er rieb sich den Schlaf aus den Augen und sah sich um. Es war ein schöner Sommernachmittag. Die Blätter der Pappeln sangen lustig im Wind, und die Gräser tanzten. Die Rotdrosseln trugen ihren fröhlichen Gesang vor, und irgendwo stimmte eine Wiesenlerche mit ein. Nicht weit entfernt, im Schatten eines Eichenwäldchens, dösten Weißwedelhirsche im kühlen Schatten eines Pflaumendickichts.

Iktomi interessierten solche Dinge nicht, es sei denn, sie gestalteten sein Leben irgendwie angenehmer. Da er nichts sah, was ihm essbar erschien, machte er sich auf den Weg durch die Prärie, um nach einer schnellen Mahlzeit Ausschau zu halten. Die Traubenkirschen, Pflaumen und Stachelnachtschatten waren noch nicht reif und er hatte seine Magenschmerzen vom Verzehr unreifer Früchte noch nicht vergessen, sodass er sie nicht weiter beachtete. Im Fluss gab es Welse, doch das würde bedeuten, dass er Heuschrecken als Köder fangen müsste. Da aber Heuschrecken viel zu schnell und zu schwierig zu fangen waren, würde er heute keinen Fisch essen.

Nach einem langen Aufstieg ruhte er sich auf dem Gipfel eines Berges aus. Als er seinen Blick über die hügeligen Prärien gleiten ließ, meinte er Gelächter zu hören, das der Wind ihm zutrug. Verschwitzt und hungrig, glich seine Laune einer schwarzen Sturmwolke und Gelächter war das Letzte, was er hören wollte. Dennoch war er neugierig und hörte genauer hin. Da war es: das Gelächter vieler Stimmen, wie das Geräusch eines lästigen Schnake.

Seine Verärgerung wich der Neugier. Es war immer gut, etwas Ungewöhnlichem nachzugehen, denn es könnte Nahrung bedeuten. Iktomi lauschte und ging in Richtung des Gelächters. Das Problem war, dass die Prärie aus vielen kleinen Hügeln bestand und der Wind einem bisweilen einen Streich spielte. Manchmal schien das Gelächter von hinten zu kommen, manchmal schien es links oder rechts von ihm zu sein. Nachdem er sich auf mehrere Bergspitzen geschleppt hatte, bemerkte Iktomi, dass das Geräusch lauter wurde, und zusammen mit dem Gelächter vernahm er Geplätscher. Er wusste, dass sich ein kleiner, seichter See in der Nähe befand, und er beschloss, ihn sich anzusehen.

Iktomi grinste, als er die Spitze eines weiteren Berges erreicht hatte. Das Glück schien ihm an diesem Tag hold zu sein. Da war der See und auf ihm eine große Schar Enten. Sie lachten und tanzten auf dem Wasser und ließen es sich gut gehen. Und sie waren so in ihr Vergnügen vertieft, dass sie Iktomi nicht sahen. Sein Magen knurrte lauter.

Er versteckte sich hinter einer Palmlilie und begann, einen Plan zu schmieden. Iktomi lief immer zur Höchstform auf, wenn der Hunger ihn trieb und Geistesblitze seinen Kopf durchzuckten. Mit einem selbstzufriedenen Grinsen schlich er sich an eine Flussniederung und sammelte rasch ein großes Bündel Stöcke zusammen. Nachdem er sie eng zusammengebunden hatte, hob er das Bündel auf seinen Rücken und machte sich auf den Weg zum See und zu den Enten.

Von der Bergkuppe ging er zielstrebig mit dem Bündel auf seinem Rücken nach unten und beugte sich stark nach vorne, als ob er eine schwere Last tragen würde. Er richtete seine Augen immer geradeaus und schaute kein einziges Mal zu den singenden und tanzenden Enten.

Wie Iktomi es vorausgesehen hatte, erblickte ihn eine der Enten und stieß einen Warnruf aus. „Vorsicht! Es ist Iktomi!" Er war bei den Enten nur allzu gut bekannt, da er alles aß. Einige der Enten flogen weg und der See verstummte plötzlich. Merkwürdigerweise nahm Iktomi die ängstliche Schar nicht zur Kenntnis. Er ging in scheinbarer Eile weiter. Die geflüchteten Enten kehrten zum See zurück. Sie sahen sich alle die merkwürdige Erscheinung Iktomis an, der, einen Stapel Holz auf dem gebeugten Rücken tragend, zielstrebig weiterlief und sie ignorierte. Niemand wird gerne ignoriert. Und Iktomi ignorierte die Enten und nahm keinen Augenblick lang zur Kenntnis, dass sie in derselben Welt lebten. Er lief weiter, sein Magen knurrte immer noch. Schon bald war er an ihnen vorbeigelaufen und entfernte sich vom See. Das war mehr, als sie ertragen konnten.

„Iktomi!", rief eine von ihnen.

Iktomi ging weiter.

„*Iktomi*!", riefen alle zusammen.

Iktomi hielt an, seine Augen blinzelten leicht, als er sich umsah. Er wandte sich langsam dem See zu und sah die Enten an. Überraschung spiegelte sich in seinem Gesicht.

„*Hau*", rief er aus. „Meine Freunde, geht es euch gut? Was macht ihr gerade?"

„Wir tanzen und feiern", erzählten sie ihm, „weil es so ein schöner Tag ist!"

„Ich freue mich für euch!", rief Iktomi. Dann verabschiedete er sich und drehte sich zum Gehen um. Die Enten wussten weder, was sie davon halten, noch, wie sie darauf reagieren sollten. Iktomi verhielt sich nicht wie Iktomi. Das war zu viel für sie. Sie mussten wissen, warum.

„Warte!", riefen sie. „Was tust du? Warum trägst du all das Holz mit dir herum?"

Iktomi wischte sich über die Stirn und schien unbedingt weitergehen zu wollen. „Wisst ihr, das ist kein Holz", erzählte er ihnen. „Das sind Lieder. Sicherlich sind es heilige Lieder. Ich bringe sie zur Feier dort drüben beim Fluss." Er verlagerte seine Last und machte sich ans Gehen. „Sie warten auf mich. Ich muss vor Sonnenuntergang dort sein."

Die Enten gerieten in Aufruhr und riefen alle laut durcheinander. „Warte! Warte! Geh noch nicht, sing uns eines deiner Lieder vor, sodass wir tanzen können!"

Iktomi zögerte und dachte einen Augenblick konzentriert nach. „Nein, ich kann nicht", antwortete er. „Ich habe noch einen langen Weg vor mir und sie warten auf mich. Außerdem handelt es sich um heilige Lieder und ich glaube nicht, dass ich sie einem von euch vorsingen sollte. Ich kenne euch nicht."

„Geh nicht!", riefen sie. „Wir wollen eines dieser Lieder hören!"

Iktomi seufzte, hielt an und winkte dabei ungeduldig mit seinen Händen. „Ich muss mich ausruhen", sagte er und setzte sich ins Gras, während sein Magen erneut knurrte. „Ich bin seit Sonnenaufgang auf den Beinen. Sobald ich ein bisschen verschnauft habe, könnte ich euch ein Lied vorsingen. Aber ich weiß nicht ... das sind heilige Lieder und ich weiß nicht, ob ihr sie hören solltet."

Die Enten empörten sich lauthals. „Nein, nein! Wir wollen ein Lied hören. Nur eines!" Sie schwammen allesamt ans

Ufer, watschelten auf das Gras und umringten Iktomi. Ihre kleinen glänzenden Augen flehten ihn an. Iktomi fiel es sehr schwer, nicht nach ihnen zu greifen und sich eine zu packen, da sie alle schön dick waren und er wusste, dass ihr gegrilltes Fleisch zart und saftig sein würde. Sein Magen knurrte erneut, und er lachte, um das Geräusch zu übertönen. „Ja, ja", seufzte er, „ich singe ein Lied für euch, aber dann muss ich mich auf den Weg machen."

Die Enten quakten freudig, stoben tobend wieder ins Wasser und lachten vor Vorfreude. Es kam nicht oft vor, dass sie zu den Klängen eines heiligen Liedes tanzen konnten. Bei ihrem Anblick lief Iktomi das Wasser im Mund zusammen, doch er wusste, dass er listig agieren oder wieder Hunger leiden müsste.

Kurz darauf band er sein Bündel vorsichtig los, breitete die Stöcke vor sich aus und betrachtete jeden eingehend. Dann nahm er einen Stock, murmelte und summte, schüttelte seinen Kopf, legte ihn wieder hin und nahm einen anderen. Die Enten waren natürlich neugierig.

„Was machst du?", fragten sie.

„Ich suche nach dem richtigen Lied für euch. Ich muss eines finden, dass gut zu euch passt", erklärte er weise.

„Ja", sagten die Enten „such das richtige aus. Wir werden warten."

Iktomi hob gehorsam einen Stock nach dem anderen hoch, murmelte und summte, bis er den fand, den er wollte. Es war natürlich ein kräftiger Stock und genau der richtige für das, was er vorhatte. Für die Enten war er das richtige Lied.

„Das ist er!", verkündete er. Die Enten jubelten, ihr Quaken war laut und unangenehm, aber Iktomi lächelte. „Nun", sagte er, „da dies ein heiliges Lied ist, müsst ihr etwas tun, wenn ich zu singen anfange."

„Sag es uns", riefen die Enten, „sag uns, was wir tun sollen!"

„Wenn ich zu singen anfange, müsst ihr eure Augen fest schließen. Dies ist ein heiliges Lied und es verfügt über Kräfte. Ich werde meine Augen ebenfalls schließen, weil ich weiß, wie mächtig diese Lieder sind. Sie sind so mächtig, dass mir gesagt wurde, ich dürfe sie nie mit offenen Augen singen und die Zuhörer müssten ihre Augen ebenfalls schließen. Habt ihr das verstanden?“

„Ja! Ja! Wir haben verstanden“, schrien sie.

Iktomi fand ein weiches, grasbewachsenes Plätzchen, setzte sich und hielt den Stock. Er räusperte sich. „Ich muss euch warnen“, sagte er, „wenn ihr eure Augen öffnet, während ich singe, werden sich eure Augen rot färben und so bleiben. Also, was auch immer passiert, ganz gleich, was ihr hören werdet, ihr müsst eure Augen geschlossen halten. Das ist ein heiliges Lied, und wer weiß, was für Kräfte freigesetzt werden, wenn ich es singe?“

„Wir werden unsere Augen geschlossen halten“, versprachen sie.

Iktomi räusperte sich, schloss die Augen und hielt seinen Kopf mehrere Augenblicke gesenkt. Dann begann er zu singen. „Heya hey hey hey heya ha ...“ Seine Stimme erhob und senkte sich rhythmisch, denn wenn Iktomi auch sonst nicht viel konnte, so war er doch ein sehr guter Sänger. Vielleicht hing das ja irgendwie mit seiner Durchtriebenheit zusammen.

Die Enten waren von Iktomis schöner Singstimme beeindruckt. Sie schlossen ihre Augen, schwammen auf den See hinaus und begannen zu tanzen.

Iktomi legte all sein Herz in dieses Lied, natürlich wegen seines Magens. Der war leer und knurrte. Die Enten planschten und wiegten sich zu dem Lied hin und her, wobei sie ihre Augen fest geschlossen hielten. Vorsichtig öffnete Iktomi ein Auge. Das Wasser war weiß vom Geplansche der Enten. Beim Anblick so vieler Leckerbissen lief ihm das Wasser im Mund zusammen, doch er sang weiter, lauter und lauter.

Als Iktomi sich sicher war, dass die Enten völlig im Tanz vertieft waren, stand er auf und lief am Ufer entlang, erst in die eine Richtung, dann in die andere. Er begann auch zu tanzen, sodass, wenn eine der Enten doch zufällig ihre Augen öffnete, sie sehen würde, dass Iktomi mit ihnen tanzte. Doch keine einzige tat es.

Nachdem er am Ufer mehrere Schritte auf- und abgegangen war, sodass seine Stimme aus mehreren Richtungen zu hören war, durchwatete Iktomi vorsichtig das Wasser. Langsam, ganz langsam arbeitete er sich zu den noch immer tanzenden und planschenden Enten vor. Dann hob er seinen Stock, testete sein Gleichgewicht und machte ein paar Probehiebe, wobei er natürlich die ganze Zeit über sang.

Endlich war Iktomi mitten unter den Enten angekommen, deren dicke, fleischige Körper im Wasser zum Takt seines Liedes wippten. Er tanzte und machte dabei selber laute, platschende Geräusche. Die Enten tanzten weiter, während sie keine Ahnung von dem geifernden, hungrigen Grinsen auf Iktomis Gesicht hatten.

Mit einem flinken, gekonnten Schwung versetzte Iktomi einer der Enten einen Schlag, doch durch das viele Geplansche merkte keine der anderen etwas davon. Ermutigt schlug er erneut zu. Eine Weile später schlug er wieder zu. Schon bald schwammen sieben tote Enten auf dem Wasser, während die anderen weiter tanzten und planschten. Iktomi sah die Enten schon vor sich, wie sie über dem Feuer rösteten, und sein Hunger stieg wie eine warme Brise in ihm auf. Iktomi vergaß all seine Vorsicht und schlug, immer noch singend, wild um sich. Seinem Knüppel fielen noch mehrere Enten zum Opfer, bis es kaum noch Geplansche gab. Eine Ente öffnete die Augen und sah Iktomi unter ihnen und mehrere ihrer Gefährten leblos auf dem Wasser treibend.

„Vorsicht!", schrie die Ente. „Fliegt weg, fliegt weg oder Iktomi wird uns alle töten!"

Weitere Enten öffneten ihre Augen, sahen das Blutbad und flogen mit wenigen Flügelschlägen dem hungrigen Iktomi davon. Für viele war es jedoch zu spät.

Iktomis Lied verwandelte sich in ein hämisches Lachen, während er seine Beute zusammenzuklauben begann. Die restlichen Enten waren weit hinter dem Horizont verschwunden und außerhalb seiner Reichweite.

Die Augen einer Ente aber hatten sich rot gefärbt, da sie sie während Iktomis Lied geöffnet hatte. Bis zum heutigen Tag haben ihre Nachkommen ebenfalls rote Augen. Man kann sie ab und zu sehen, wenn sie über einen See fliegen oder darauf schwimmen und dabei mit ihren roten Augen vorsichtig nach links und rechts blicken, immer auf der Hut vor Iktomi.

Iktomi feierte ein Festmahl und schlug sich den Magen voll, bis er nicht mehr konnte. Die Enten briet er über dem Feuer, das er aus dem Bündel jener Hölzer entfachte, die angeblich seine heiligen Lieder gewesen waren. Dann fand er ein Plätzchen zum Schlafen.

Also, falls Iktomi käme und sagte, dass er Lieder für euch hätte, dann schließt eure Augen nicht, wenn er singt. Und wer weiß schon, in welcher Gestalt Iktomi euch erscheinen wird?

Die vielen Gesichter der Wahrheit

Ich fragte meinen Großvater einmal, als er meiner Erinnerung nach in den Sechzigern war, ob er mir sagen könne, was Wahrheit ist. „Ich glaube, ich habe nicht lang genug gelebt, um das zu wissen“, antwortete er. „Ich weiß nur so viel, dass Iktomi ohne die Wahrheit eines der mächtigsten Geschöpfe der Erde wäre. Und das ist die Wahrheit.“

Nachdem ich mehr als ein halbes Jahrhundert gelebt habe, glaube ich, dass ich gerade erst anfange, die Antwort meines Großvaters zu verstehen. Die Wahrheit ist oft schwer zu erkennen. Sie kann ein Geschenk oder eine Last sein und sie kann ziemlich grausam sein. Sie entzieht sich uns oft und lässt sich schwer ausdrücken. Manchmal verbirgt sie sich zu unserem Schutz so gut, dass sie nicht mehr auffindbar ist, oder sie tarnt sich so gekonnt, dass wir an ihr vorübergehen, ohne es zu wissen. Und im nächsten Augenblick ist alles sonnenklar, ob wir es wollen oder nicht. Letztendlich entdecken wir, dass wir ohne sie nicht leben können.

„Die Wahrheit ist der Wegweiser auf den Wegen unseres Lebens", sagte mein Großvater. „Der Rote Weg hat viele Wegweiser. Auf dem Schwarzen Weg gibt es nur die Illusion von Wahrheit."

Sowohl Wahrheit als auch Illusion können uns beeinflussen. Und die Wahrheit kann verschiedenste Gesichter haben – auch das hat mein Großvater mich gelehrt, denn in vielen seiner kleinen Geschichten ging es im Grunde um nichts anderes als darum:

Ein Oststaatler zog in den Westen, um ein gemütliches, natürliches Leben zu führen, nach dem er sich schon immer gesehnt hatte. Im Herbst kaufte er sich ein rustikales Blockhaus am Fuß eines Berges. Da seine einzige Wärmequelle ein Holzofen war, fing er an, Holz einzulagern. Schon bald türmte sich ein riesiger Holzstapel neben seinem Haus. Doch da das Höherdrehen des Thermostats in seinem Apartment bislang seine einzige Vorbereitung auf den Winter gewesen war, wusste er nicht, ob er genügend Holz aufgehäuft hatte, um warm über den Winter zu kommen. Daher beschloss er, einige Einheimische zu fragen.

„Steig auf den Gipfel des Berges", riet ihm ein Nachbar. „Dort oben wohnt ein alter weiser Indianer. Er kann dir den Rat geben, den du brauchst."

Also kletterte der Oststaatler auf den Berg, was für jemanden, der nur Treppen und Lifte gewohnt war, keine leichte Aufgabe darstellte. Oben angekommen, traf er auf einen alten Indianer, der vor einer winzigen Blockhütte saß. „Ich habe eine Frage", sagte er, gleich zur Sache kommend. „Ich habe einen Holzofen, mit dem ich mein Haus heize. Woher weiß ich, ob ich genug Holz habe, um über den Winter zu kommen?"

Der alte Indianer erhob sich, ging zum Rand des Gipfelplateaus, blickte zum Himmel, auf die umliegenden Wälder, den Berg hinunter und ging zurück zu seinem Sessel. „Mehr Holz", sagte er.

Der Oststaatler kletterte den Berg hinab und machte sich an die Arbeit, und nach ungefähr einer Woche war der Holzstapel halb so hoch wie sein Haus. Er hatte ein besseres Gefühl, aber ihn überkamen immer noch Zweifel, und so beschloss er, den alten Indianer erneut aufzusuchen. „Ich habe noch mehr Holz aufgestapelt, aber ich bin mir immer noch nicht sicher, ob es genug ist", gestand er.

Daraufhin stand der alte Indianer auf, blickte zum Himmel, auf die umliegenden Wälder, den Berg hinunter und ging zurück zu seinem Sessel.

„Mehr Holz", sagte er.

Der Oststaatler kletterte den Berg hinab und machte sich an die Arbeit. Nach zwei Wochen hatte er den Holzstapel verdoppelt und fühlte sich sicher. Er war jetzt gewiss, dass er warm durch den Winter kommen würde. Doch er war neugierig, woher der alte Indianer auf dem Berg wusste, wann es genug Holz war. Daher beschloss er, ihn zu fragen. Nach einem weiteren langen Aufstieg traf der Oststaatler den alten Indianer erneut vor seiner Hütte sitzend an. „Mein Herr", sagte er, „ich danke Ihnen für Ihren Ratschlag, doch ich muss wissen, worauf Ihre Weisheit basiert. Ich habe bemerkt, dass Sie zum Himmel geblickt haben und auf den Wald. Wissen Sie daher, wie viel Holz ich für den Winter brauchen würde?"

„Eigentlich nicht", antwortete der alte Indianer. „Unter mir wohnt ein weißer Mann, der unglaublich viel Holz lagert. Daher weiß ich es."

Zwei Häuptlinge trafen sich in der Ebene, während ihre Armeen warteten. „Ich habe 10.000 Krieger, jeder davon ist mit Waffen vertraut und kriegserfahren. Der Sieg ist mir gewiss", sagte der erste Häuptling. „Was hast du?"

„Nur die Wahrheit", antwortete der zweite Häuptling. „Dieser Krieg hat mein Volk so dezimiert, dass ich dir heute mit einer Armee von 1000 Kindern gegenübertrete. Diese Wahrheit wird dich entweder vernichten oder dir zur Ehre gereichen."

Der erste Häuptling kehrte in sein Lager zurück, wo seine 10.000 Mann starke Armee kampfbereit auf ihn wartete. Er befahl seinen Männern, die Waffen niederzulegen, und zog sich zurück, um über die Worte seines Feindes nachzudenken. Bei Anbruch des nächsten Tages schickte er seinen wichtigsten Berater mit Nahrungsmitteln und einem Friedensangebot zur Armee der 1000 Kinder. Dann kehrte der Häuptling in seine Heimat zurück und trat vor sein Volk, damit es über ihn richten möge. Er erwartete, dass man ihn für seine Schwäche entehren würde. Stattdessen ernannte man ihn zum König.

Manchmal ist die Wahrheit wie der Wind. Man kann ihn selbst nicht sehen, nur die Wirkung, die er hat. Wahrheit ist wie der Sonnenauf- und der Sonnenuntergang. Wir sehen die Sonne morgens im Osten aufgehen und abends im Westen untergehen. In Wirklichkeit tut die Sonne nichts dergleichen, sie ist immer da und es ist nur die Erde, die sich dreht.

Realität ist in erster Linie das, was sich in unserer materiellen Welt abspielt. In der Welt der Lakota bedeutet Realität beispielsweise, dass sich die vier Jahreszeiten jahrein, jahraus in genau derselben Reihenfolge wiederholen. Realität ist, dass die Seen und Flüsse im Winter zufrieren und im Frühjahr auftauen, dass alle Lebewesen sterben, dass Wandel unvermeidbar ist.

Wahrheit ist das Ergebnis der Irrungen und Wirrungen des Lebens, der Lektionen, die du gelernt hast, beispielsweise: „Ohne das Schlechte wäre das Gute nicht so leicht erkennbar", oder: „Das erste Opfer des Krieges ist die Wahrheit", oder: „Der Spatz in der Hand ist besser als die Taube auf dem Dach." Einige unserer Lebensweisheiten entstehen durch Illusionen, denen wir nachhängen, beispielsweise: „Das Gute siegt immer über das Böse." Die Wahrheit ist subjektiv. Manche Wahrheit kann sich verändern, beispielsweise: „Der Mensch kann nicht fliegen."

Wenn es eine Schwäche gibt, die alle Menschen teilen, dann handelt es sich um den Glauben, dass eine Wahrheit existiert. Denn wir wollen klare Antworten, keine Illusionen. Deshalb sind wir auch anfällig für den *Schein*. Die Wahrheit besteht aus zwei Teilen: aus dem, was gegeben ist, und dem, was akzeptiert wird. In der „Geschichte vom Gaunerlied" schufen Iktomi und die Enten eine Wahrheit: dass seine Stöcke heilige Lieder seien. Iktomi wollte, dass die Enten das glaubten, weil er hungrig war, während die Enten es bereitwillig glaubten, weil sie tanzen wollten. Diese Wahrheit hielt nur so lange an, bis eine der Enten ihre Augen öffnete und eine andere Wahrheit entdeckte: Iktomi tötete sie, und sie würden alle sterben, wenn sie nicht flöhen. Wenn die Enten skeptisch geblieben wären, wäre die flüchtige Wahrheit nicht entstanden. Alle Enten wären am Leben und Iktomi wäre hungrig geblieben.

Wir alle haben unsere Wahrheiten, von denen einige leichter zu akzeptieren sind als andere. Ein bestimmter Zug hat immer Verspätung, das Erdreich der Prärie verwandelt sich nach starkem Regen in einen Sumpf, ein gewisser Schwager ist ein Waschlappen und die anderen glauben, er ist ein Heiliger, der Berufsverkehr ist unerträglich, meine Eltern hassen mich, weil ich sechzehn bin, meine sechzehnjährige Tochter hasst mich, weil sie sechzehn ist, eine einseitige Liebesbeziehung ist das Allerletzte, die Minnesota Vikings haben mein Herz gebrochen – wieder einmal, ich kann ohne meine Frau nicht leben. Doch letzten Endes gibt es nur eine unerschütterliche Wahrheit. Sie hat Bestand und wird immer Bestand haben, da sie ohne Rechtfertigung und Entschuldigung gilt. Diese Wahrheit ist der Tod. Sie ist die Wahrheit, vor der sich die westliche Gesellschaft am meisten fürchtet und der sie aus dem Weg zu gehen versucht. Der Tod sollte jedoch der Maßstab für alle anderen Wahrheiten sein. Und wir werden feststellen, dass sich nichts mit seiner Ehrlichkeit und Treue messen kann.

Mein Großvater machte mir ein Geschenk, bevor er am 4. März 1975 in der kleinen Wohnung starb, in der er mit meiner Großmutter lebte. Ein paar Tage vor seinem Tod spürten meine Großmutter und ich, dass sein Ende nahe war. Er wurde stündlich schwächer. Sie ging mit der Situation auf jeden Fall viel besser um als ich. Ich weiß, dass mein Großvater meinen Kummer und mein Leid spürte, wie sehr ich auch der Meinung war, sie zu verbergen. Eines Morgens trank er mutig ein paar Schlucke Tee, während ich ihm die Tasse hielt. Er berührte meine Hand, und einen Augenblick lang spürte ich seine enorme spirituelle Kraft. Er sprach, und obwohl seine Stimme schwach war, war sie klar: „*Takoja, maka wiconi kin hecena kte lo* – Enkelsohn, das Leben geht weiter“, sagte er.

Er half mir, der Wahrheit ins Auge zu sehen, indem er mir eine andere ins Gedächtnis rief. Von allen Geschenken, die er mir je machte, war dieses das größte.

Der Tod ist im Allgemeinen ein Tabuthema. Man bezeichnet ihn ausweichend als Sensenmann, die Kälte der Nacht oder als Waagschale der Sünden. Unter Nichtindianern wird nur selten über den Tod und das Sterben gesprochen. Jede Erwähnung geschieht in flüsterndem und ängstlichem Ton. Der Besuch einer Leichenhalle oder eines Friedhofs ist eine Bestätigung des allgemeinen Verdrängungszustands der westlichen Gesellschaft. Beerdigungsinstitute verkaufen Särge, die „unsere Angehörigen jahrelang schützen" werden. Stein- oder Zementgruften und Mausoleen werden aus demselben Grund genutzt: um den Tod so lange wie möglich zu leugnen. Wir alle kommen jedoch früher oder später mit dem Tod in Berührung, etwa wenn ein Freund oder ein Angehöriger stirbt, ganz gleich wie sehr wir ihn leugnen oder ihn zu verdrängen versuchen. Nachdem wir den Verlust beweint und getrauert haben, verspüren viele von uns Wut auf den Tod, als ob er ein Eindringling, ein Dieb der Nacht, ein Verbrecher oder ein Mörder wäre. Der Tod tötet nicht. Krankheiten, Unfälle, Wut, Alter, Dummheit sind unter anderem die Mörder. Der Tod ist ein Bestandteil des Lebens – und das ist die tiefste und beruhigendste Wahrheit über den Tod. Das Leben beginnt mit der Geburt und endet mit dem Tod. Bei keiner anderen Reise weiß man, wie sie endet. Wir beginnen im Moment unserer Geburt zu sterben. Daraus folgt, dass gut zu leben bedeutet, gut zu sterben. Das ist der beste Maßstab allen Seins.

Die letzte – und vielleicht größte – Wahrheit über den Tod lautet, dass er alle gleich macht. Er verbindet alle Lebewesen mit seiner Wahrheit. Jede Lebensform teilt mit uns diese Reise, die mit der Geburt beginnt und mit dem Tod endet. Kein Lebewesen und keine Spezies, nicht einmal die mächtigste, die hochmütigste oder die weiseste, kann an dieser Wahrheit jemals etwas ändern. Aber manchmal braucht es etwas Lebenszeit, bis die Menschen diese Wahrheit erkennen.

Viele Gewissheiten und noch mehr Illusionen kommen als Wahrheiten daher. Nur das Leben und das Lernen versetzen uns in die Lage, sie zu erkennen. Der Häuptling, der gegen eine Kinderarmee kämpfen sollte, akzeptierte die Wahrheit, die er hörte, und reagierte auf sie mit seiner persönlichen Wahrheit und wurde belohnt. Der Oststaatler profitierte von der Weisheit eines Mannes, der die Wahrheit in anderen Menschen suchte. Iktomi hingegen präsentierte die Illusion als Wahrheit und wird es immer tun.

Wahrheit ist unsere eigene Interpretation. Sie dient unseren eigenen Zwecken. Die Lakota interpretierten das Vordringen des weißen Mannes nach Westen als Invasion. Der weiße Mann interpretierte es als Recht. Die Lakota betrachten das Land und sehen einen Verwandten. Der weiße Mann betrachtet das Land und sieht eine Ware. Keine der beiden Seiten hat Unrecht, denn letztendlich können wir nichts anderes tun, als unsere eigene Wahrheit zu leben. Manchmal allerdings verbirgt die eine Wahrheit die andere. Man hüte sich vor Iktomi.

8. MITGEFÜHL

Waunsilapi (wa-un-shi-la-pi) –
Sich kümmern, mitfühlen

Die Geschichte vom Adler

Einige unserer Alten erzählen gerne, wie unser Volk am südlichen Rand der Black Hills aus einem Loch in der Erde kam. Das ist eine Schöpfungsgeschichte. Die Geschichte, die ich jetzt erzählen werde, ist eine Geschichte einer Neuschöpfung. Und sie hätte kein gutes Ende genommen, wenn es in der Welt kein Mitgefühl gäbe.

Vor langer Zeit lebten die Menschen in einem Land mit vielen Seen. Die Wälder waren voller Tiere, darunter Rehe, Rothirsche und Elche, die man zur Ernährung und Bekleidung jagen konnte. Die Seen waren voller Fische aller Art, voller Enten und Gänse. Die Menschen waren stark. Ihre Feinde hatten Angst vor ihnen, und daher herrschte Frieden. Das Leben war sehr gut. Dann kam ein außergewöhnlich harter Winter mit sehr viel Schnee. Er setzte früh ein und dauerte lang. Der letzte Schnee schmolz schließlich im Mai, im Monat der Beerenreife. Im Sommer regnete es viel, und die Seen und Flüsse füllten sich. Es fiel immer mehr Regen.

Die Menschen wussten, dass die Regenzeit stets vorüberging. Sie besserten ihre aus Stroh und Rinde bestehenden Rundhütten aus, um das Wasser am Eindringen zu hindern, und warteten auf das Nachlassen des starken Regens. Doch es hörte nicht auf zu regnen. Die Seen und Flüsse schwollen immer mehr an, bis sie über ihre Ufer traten, aber es regnete immer weiter. Der Himmel blieb dunkel und bewölkt.

Das Wasser stieg immer höher und vertrieb die Menschen aus ihren Hütten. Sie fanden höher gelegene Plätze, wo sie neue Hütten errichteten, doch das Wasser stieg unaufhörlich und erreichte bald auch diese. Die große Flut ließ die Menschen nicht mehr zur Ruhe kommen, sie mussten auf immer höhere Berge und Gebirgskämme ausweichen. Selbst die Tiere flohen vor den Wassermassen.

Die Nahrung wurde knapp, weil die Jäger nicht auf die Jagd gehen konnten. Viele Besitztümer fielen den steigenden Wassermassen zum Opfer. Da es kein trockenes Holz zum Feuermachen gab, froren die Menschen. Die Ersten, die starben, waren die Alten, weil sie zu schwach waren, um gegen den Hunger und die Kälte anzukämpfen. Schon bald litten viele Menschen an Husten. Einige wurden schwach und starben, da es keine Medizin gab. Dann kamen starke Winde auf.

Aus dem Norden kamen wütende und racheschnaubende Stürme. Die windgepeitschte Flut verwandelte sich in ein bösartiges, dunkles Geschöpf, das den Menschen, die zu fliehen versuchten, nachstellte und sie in die kalte Dunkelheit zog. Binnen weniger Tage waren alle Menschen, bis auf einen, tot.

Eine junge Frau klammerte sich an die Felsen eines hohen Berges. Sie hatte zusammen mit ihrer Familie begonnen, den Berg zu besteigen, doch die Flut hatte die anderen mitgerissen. Jetzt war sie allein, hungrig, halb erfroren und wie betäubt vor Schmerz. Sie kauerte sich an den Felsen und wartete auf den Tod. Erschöpft vor Hunger und Trauer, schlief sie ein und erwachte erst Tage später.

Die Stürme, die die Flut in ein wütendes Ungeheuer verwandelt hatten, vertrieben die Wolken. Zum ersten Mal seit fast einem Monat überzog die Sonne das Land mit ihrer heilsamen, wohltuenden Wärme. Die starken Stürme ließen nach, und an ihre Stelle traten sanfte Winde, die das Land mit ihrem weichen Atem streichelten.

Die große Flut war vorbei, doch sie hatte überall den Tod

gebracht. Kaputte und umgestürzte Bäume, zerstörte Berghänge und niedergewalzte Gräser und Büsche säumten ihren Weg. Von ihrem hohen Berg aus konnte die junge Frau sehen, was die Flut angerichtet hatte. Sie würde niemals vergessen, dass sie ihr die Mutter und den Vater und die Brüder und Schwestern geraubt hatte. Es war ihr gleichgültig, dass die Sonne schien und die Tiere allmählich zurückkehrten. Sie war allein. Ihr trauriges Wehklagen erhob sich über das Land und veranlasste Vierbeiner und Geflügelte, innezuhalten und aufzuhorchen.

Die junge Frau verließ den Berg nicht. Tagein, tagaus saß sie von Kummer, Verzweiflung und Einsamkeit überwältigt da und wurde durch den Mangel an Nahrung und Wasser immer schwächer. Eines Tages erwachte sie und sah einen großen Adler, der auf einem nahe gelegenen Fels hockte. Er war sehr groß und hatte dunkelbraune, fast schwarze Federn. Sie hatte Angst, da sie wusste, dass Adler großartige Jäger sind, und sie hatte nichts, um sich zu verteidigen. Gleichzeitig fühlte die junge Frau sich von den sanften braunen Augen des Adlers angezogen. Er sah sie neugierig an. Sie wartete und spürte auf einmal, dass ihr keine Gefahr drohte. Dann sprach der Adler.

„Ich habe gesehen, dass du allein bist", sagte er.

Sie begann, leise zu schluchzen. „Ja", antwortete sie. „Die Flut hat mir meine Familie genommen, sie hat mein ganzes Volk, die Zweibeiner, vernichtet. Ich bin ganz allein."

„Du bist traurig. Ich habe dich weinen gehört."

„Meine Familie ist weg. Mein Volk ist weg. Es gibt nur noch mich, und alles, was mir bleibt, ist die Trauer. Sie begleitet mich Tag und Nacht."

„Dann werde ich dein Freund sein", sagte der Adler. „Sag mir, was ich für dich tun kann."

„Du kannst nichts für mich tun", klagte sie. „Ich bin allein, ich werde allein sterben."

„Das ist nicht wahr", antwortete er. „Sieh dich doch um. Deine Verwandten, die Vierbeiner, die Geflügelten, wie ich, und die Kriechenden: Sie sind hier. Wir sind alle hier."

„Doch mein Volk ist nicht mehr da, ich bin die Letzte", schluchzte sie. „Es gibt niemanden mehr wie mich. Deshalb warte ich auf den Tod, um mich wieder mit meinem Volk zu vereinen."

„Wenn du stirbst, gibt es niemanden mehr wie dich auf der Erde. Da, wo deine Art einst lebte, wird nur noch Leere sein. Das darf nicht geschehen. Du musst leben." Er streckte seine Flügel aus und erhob sich in die Lüfte.

„Wohin fliegst du?", fragte sie. „Verlässt du mich?"

„Nur, um dir Nahrung zu bringen", antwortete er. „Ich werde wiederkommen."

Und das tat er und brachte ihr einen großen Fisch.

„Ich muss Feuer machen, um ihn zu kochen", sagte sie. „Ich kann ihn nicht essen, ohne ihn zu kochen."

„Was brauchst du, um Feuer zu machen?", fragte er.

„Holz", antwortete sie. „Trockenes Holz."

Der Adler konnte natürlich sehr schnell fliegen, und nach einigen Flügen hatte er einen großen Stapel Holz für sie gesammelt. Die junge Frau bastelte zuerst eine Spindel zum Feuermachen aus Holz und Schnur, entfachte damit das Feuer und briet den Fisch. Schon ein kleiner Bissen schien ihr Kraft zu verleihen. Sie merkte, wie die Kraft ihren Körper durchströmte. Hin und wieder wich der Adler zurück, da er Angst vor Feuer hatte.

„Ihr Zweibeiner beherrscht eine sehr mächtige Sache", sagte er. „Ihr könnt Feuer machen. Aber natürlich brauchen wir Vierbeiner und Geflügelten so etwas nicht."

„Ja. Feuer kocht unsere Nahrung, sodass wir sie essen können. Es hält uns warm. Es gibt nichts Besseres als ein Feuer, um die Dunkelheit zu vertreiben. Ein gutes Feuer ist wie ein guter Freund."

Der Adler schleppte noch mehr Holz heran, damit sie auch nachts ein Feuer hatte und warm blieb. Als sie am Morgen erwachte, war er verschwunden, doch das Feuer schwelte noch. Sie legte Feuerholz nach und fragte sich, wo er blieb. Er hatte ihre Einsamkeit für eine Weile gelindert, und sie war ihm dankbar dafür. Als der Morgen allmählich verging und er nicht zurückkehrte, glaubte sie, nur geträumt zu haben. Doch da waren das Feuer und die getrocknete Fischhaut.

Am Mittag kam der Adler zurück, diesmal mit einem Kaninchen. „Heute ist ein schöner Tag“, sagte er. „Es ist schön, am Leben zu sein.“ Die junge Frau freute sich über die Rückkehr des Adlers. Sie häutete das Kaninchen und aß es, während er ihr mit großem Interesse zusah. „Dort, wo die Sonne untergeht, liegt ein schönes Tal – es ist ein guter Ort, um eine Hütte zu bauen. Vielleicht solltest du dorthin gehen“, sagte er.

„Nein“, erwiderte sie. „Ich bin hier und werde hier bleiben. Ich kann auch hier eine Hütte errichten, wenn ich es möchte.“

Der Adler konnte sehen, dass sie sehr traurig war. Er wusste auch, dass sie immer traurig bleiben würde, da sie die Letzte ihrer Art war. Er war weit geflogen, über Seen und Täler, aber er hatte keine anderen Zweibeiner gesehen. Sie würde alt werden und einsam sterben.

Er brachte ihr weiterhin tagein, tagaus Essen und Feuerholz. Und er kreiste über ihrem Berg und hielt nach möglichen Gefahren Ausschau. Einmal verjagte er einen Bären von dem Hügel, indem er sich immer wieder auf ihn stürzte.

Mit jedem Tag, der verging, wurde sie stärker und begann, sich um ihr Aussehen zu kümmern. Sie bürstete ihr Kleid aus und machte sich einen Kamm für ihre Haare. Vor der Flut war sie eine der schönsten jungen Frauen einer großen Zahl von Dörfern gewesen, und junge Männer waren aus Nah und Fern angereist, um ihr den Hof zu machen. Nun war sie die schönste junge Frau überhaupt.

Eines Tages erklomm sie die Spitze des Berges, während sie auf den Adler wartete. Von dort konnte sie ein weites Tal und viele Seen überblicken. Sie war von Schönheit umgeben. Bald schon würden die Narben der großen Flut nicht mehr zu sehen sein. Doch was könnte sie schon alleine tun, fragte sie sich. Wie jede junge Frau hatte sie davon geträumt, einen charmanten, gut aussehenden jungen Mann zu heiraten und Kinder zu haben. Sie hätten nicht weit von ihren Eltern in einer der Hütten in ihrem Dorf am See gelebt. Er wäre auf die Jagd gegangen, und sie hätte sich um die Hütte gekümmert, und sie wären zusammen alt geworden. Jetzt stand sie auf einem Berg und spürte diese kalte, schreckliche Wahrheit in sich. Sie war die Letzte ihrer Art. Was sollte sie tun?

Einer der winzigen schwarzen Punkte am Himmel wurde immer größer, und schon bald hörte sie das Rauschen des Windes unter den Flügeln des Adlers. Er landete. Sie bestaunte die Spanne seiner mächtigen Flügel und deren Stärke. Er besaß allerdings noch eine andere Stärke: Er war in der Lage, ihre Einsamkeit zu vertreiben.

„Was soll ich tun?", fragte sie. „Ohne dich hätte ich niemanden. Wenn ich doch nur ein Adler wäre, dann könnte ich mich mit dir in die Lüfte erheben. Ich könnte das sehen, was du aus luftigen Höhen siehst. Und ich wäre nicht die Letzte meiner Art."

„Komm", sagte er. „Wir werden zusammen fliegen. Klammere dich an meine Beine, sobald ich mich in die Luft erhebe."

Sie tat es, und sie hoben vom Berg ab. Zuerst hatte sie Angst und klammerte sich ganz fest an den Adler. Doch aus der Höhe sah sie die Erde, wie sie sie noch nie zuvor gesehen hatte, und sie erschauerte vor Ehrfurcht. Je kleiner die Dinge auf der Erde wurden, umso mächtiger fühlte sie sich. Es war ein Anblick, den sie sich nie hätte vorstellen können. Während die Dinge auf der Erde – Bäume, Hügel, Seen und Flüsse – immer kleiner wurden, je höher sie flogen, wurde die Erde selbst größer, und die junge Frau kam sich bei diesem wunderbaren Anblick plötzlich ganz klein vor.

Sie flogen, bis ihre Arme müde wurden, doch sie kehrte nur ungern auf den Berg zurück.

„Danke", sagte sie, „ich beneide dich um das, was du bist."

„Ich bin dein Freund", antwortete er, „und ich werde es immer bleiben."

Ihre Freundschaft wurde stärker. Er brachte ihr Essen, und sie ritzte sein Bild in die Felsen. Mit jedem Tag entfernte sie sich weiter von ihrem Lager und schon bald sprach sie davon, irgendwo eine Hütte zu errichten, vielleicht auf der Bergspitze. Der Adler bemerkte, dass die junge Frau jetzt öfters lächelte. Dennoch konnte er immer noch diese Traurigkeit in ihren Augen sehen.

Eines Tages im Spätsommer schwebte der Adler hoch über dem Berg der jungen Frau. Schon bald würde der Herbst hereinbrechen und der Winter würde ihm schnell folgen. Einige kalte Winde aus dem Norden waren bereits durch das Land gezogen. Die junge Frau müsste Vorkehrungen für den Winter treffen, sonst würde sie sterben. Er war besorgt.

„Großer Geist", rief er, „du, der du allmächtig bist, warum hast du nicht für ihr Wohlergehen gesorgt?"

„Das habe ich", erwiderte eine Stimme. „Ich habe dich zu ihr geschickt."

„Ich habe ihr geholfen, weil sie Hilfe brauchte und sie ein gutes Wesen ist", antwortete der Adler. „Ich kann ihr nur Essen bringen, aber ich kann ihr nicht das geben, was sie wirklich braucht. Sie braucht andere ihrer Art."

„Es gibt einen Weg", antwortete die Stimme.

„Erkläre es mir, Großer Geist", sagte der Adler. „Ich werde alles in meiner Macht Stehende tun, um ihr zu helfen."

„Du bist ebenfalls ein gutes Wesen, du hast ein gütiges Herz und verdienst deinen Platz im großen Kreislauf des Lebens", sagte die Stimme. „Nur wenige besitzen deine Kraft.

Es wäre schwer, wenn du diesen Platz aufgeben müsstest, doch das wäre notwendig, wenn du dem Zweibeiner wirklich helfen willst."

„Ich verstehe nicht, Großer Geist."

„Um ihr zu helfen, müsstest du ein Zweibeiner werden. Wenn du das tust, wirst du nie wieder durch die Lüfte schweben. Du wirst die Erde nie wieder von den höchsten Bergen aus sehen. Oder du kannst so bleiben, wie du bist."

Der Adler war sehr schweigsam, als er in jener Nacht mit der jungen Frau zusammensaß. Er machte sich Sorgen. Sie bemerkte, dass seine braunen Augen ihr gewohntes Funkeln verloren hatten. „Belastet dich irgendetwas?", fragte sie.

„Ja", antwortete er. „Ich muss fortgehen. Ich muss über viele Dinge nachdenken."

„Wirst du wiederkommen?", frage sie. „Ich könnte es nicht ertragen, wenn ich dich verlieren würde."

„Ich werde wiederkommen", antwortete er. „Was auch immer passiert, ich werde immer dein Freund sein. Ich werde dir Essen bringen, bevor ich gehe. Bleib auf dem Berg, entferne dich nicht zu weit", warnte er sie.

Am nächsten Tag kletterte die junge Frau auf die Bergspitze und beobachtete den Himmel. Viele Falken und einige Adler kreisten am Himmel. Sie fragte sich, welcher dieser hohen schwarzen Punkte ihr Freund war. Der nächste Tag brach an und dann der übernächste. Sie wartete ungeduldig auf seine Rückkehr, da die Einsamkeit sie wie ein Feind in der Nacht belauerte.

Der Adler flog höher, als er jemals geflogen war, und er sah mehr von der Erde, als er je zuvor gesehen hatte. Es war ein Anblick, den er nie vergessen wollte.

„Großer Geist", rief er. „Hier bin ich."

„Kind", antwortete die Stimme. „Ich weiß, was in deinem Herzen vor sich geht. Du bist so viele Tage bekümmert gewesen. Dennoch hast du eine Entscheidung getroffen."

„Ja“, sagte der Adler. „Ich weiß, was ich zu tun habe.“

„Die Entscheidung, die du triffst, kannst du nie wieder rückgängig machen“, sagte die Stimme.

„Es gibt immer noch viele meiner Art“, sagte der Adler. „Sie ist die Einzige und darf nicht die Letzte ihrer Art sein. Die Welt und alles auf ihr würden den Verlust spüren. Ich sehe keinen anderen Weg.“

„So soll es denn sein“, sagte die Stimme. „Ich verspreche dir, die Zweibeiner werden einen Platz in ihrem Herzen für deinesgleichen finden. Sie werden dich verehren.“

Die junge Frau wusste, dass der Sommer bald vorbei sein würde. Von Norden kamen kalte Winde auf. Sie ging den Hang entlang, um Holz für ihr Feuer zu sammeln. Hin und wieder sah sie zum Himmel hinauf, doch bislang war ihr Freund noch nicht zurückgekehrt.

„Wartest du auf jemanden?“, fragte eine Stimme hinter ihr. Es war eine vertraute Stimme, eine, die sie sehr gut kannte. Er war zurückgekehrt. Die junge Frau drehte sich mit einem Lächeln auf dem Gesicht um, das einem Stirnrunzeln wich. Sie konnte niemanden sehen.

„Hier bin ich“, sagte die vertraute Stimme. Die junge Frau fiel fast in Ohnmacht, als ein großer, gut aussehender junger Mann hinter einem Felsen hervortrat.

„Wie kann das sein?“, rief sie. „Ich dachte, bei der großen Flut seien alle bis auf mich umgekommen!“

„Das stimmt“, sagte der junge Mann.

„Woher kommst du dann?“

„Vom Himmel“, antwortete der junge Mann.

Fassungslos und ungläubig verstummte die Frau. Doch die Stimme des jungen Mannes klang vertraut. Es war die Stimme des Adlers. Sie schob all ihre Zweifel und Ängste beiseite und trat näher. In diesen dunkelbraunen Augen lag ebenfalls etwas Vertrautes.

„Erinnerst du dich an den Tag, an dem wir zusammen

geflogen sind?", fragte er. „Ich habe dich hoch über die Erde getragen."

„Das kann nicht sein!", schrie sie. „Du bist es!"

„Ich versprach zurückzukommen, und ich habe mein Versprechen gehalten. Freust du dich nicht, mich zu sehen?"

Die junge Frau rannte, fiel ihm in die Arme und fühlte dabei etwas, was sie nie für möglich gehalten hatte. Doch sie fühlte auch noch etwas anderes: Jedes Mal, wenn sie sich ihm näherte, hatte sie das Gefühl, zu fliegen.

Noch vor Einbruch des Winters errichteten sie am Waldrand eine Hütte, und im Laufe der Zeit wurden sie die Eltern vieler Kinder und einer neuen Rasse Zweibeiner. Sie erzählte ihren Kindern, wer ihr Vater war und was er früher gewesen war. Sie beobachteten den Himmel, wenn die großen Adler ihre Kreise zogen. Sie beobachteten ihre Verwandten. Sie lehrten ihre Kinder, es ihnen gleichzutun, die wiederum ihre Kinder lehrten.

Vielleicht verstehen die Leser jetzt besser, warum uns Adlerfedern heilig sind. Wir Lakota verehren die großen Adler bis auf den heutigen Tag. Jedes Mal, wenn wir einen am Himmel erblicken, halten wir inne, um unseren Verwandten für ihr Mitgefühl zu danken.

Nimm ihre Hände

Ohne Mitgefühl würde die Welt von Dunkelheit beherrscht. Armut, Verzweiflung und Hoffnungslosigkeit, die durch Krieg, Naturkatastrophen oder Gleichgültigkeit entstehen, gehören ebenso zum Leben wie Harmonie, Erfolg und Wohlstand. Irgendwann in unserem Leben braucht jeder von uns einmal einen Platz zum Schlafen, Geld für die Miete oder einfach die

Gewissheit, dass es jemanden gibt, der sich um einen kümmert. Wer sich nicht an mindestens einen solchen Augenblick erinnert, kann sich glücklicher schätzen als die meisten von uns – oder er macht sich nur etwas vor. Die Fähigkeit, Mitgefühl zu haben, bedeutet zu wissen, was Not ist. Wenn Not nicht erkannt und gelindert wird, versinken unsere Seelen in Dunkelheit.

In einem Sommer Mitte der Fünfzigerjahre, als ich neun Jahre alt war und in einer kleinen Stadt im nördlichen Teil des Rosebud Sioux Indianerreservats lebte, gab es einen Todesfall in einer Lakota-Familie. Ein Säugling war gestorben. Am Tag der Beerdigung begleitete ich meine Großmutter zur Wohnung der Familie. Die Eltern waren sehr arm und konnten sich weder einen Sarg noch die Dienste eines Bestatters leisten. An jenem Tag war es erstickend heiß, und in die kleinen Zimmer, die die Familie bewohnte, drang kein Lufthauch, obwohl alle Fenster geöffnet waren. Auf dem Küchentisch stand eine mit weißem Krepppapier gefütterte Pappschachtel, die nicht größer als ein Schuhkarton war. In ihr lag der Leichnam des toten Babys, das in seine schönsten Kleider gehüllt war. Ich hatte zuerst den Eindruck, dass es nur schlief. Ein paar Verwandte und Freunde der Familie hatten sich in den spärlich möblierten Zimmern versammelt. Niemand sprach, als wir eintraten. Es herrschte eine quälende, bedrückende Stille.

Ich kannte die Mutter des Babys. Ich wusste, um genau zu sein, dass sie eine Verwandte der Familie meiner Großmutter war. Schwarz gekleidet saß sie neben dem Tisch und bewachte – so schien es – die winzige Gestalt im provisorischen Sarg. Ihre ältere Tochter, die ungefähr so alt wie ich war, saß neben der Mutter. Meine Großmutter gab jedem die Hand und wandte sich dann an mich. „Nimm ihre Hände", wies sie mich an. Das tat ich, sehr verlegen. Ich nahm die Hand der Mutter, dann die der Tochter. Das war eine meiner ersten Lektionen im Mitgefühl.

Ich stand neben meiner Großmutter, die auf einem ihr angebotenen Stuhl Platz genommen hatte. Sie wischte sich still mit einem weißen Taschentuch die Tränen ab, die ihr über das Gesicht rannen. Jahre später wurde mir klar, dass sie der Familie des toten Babys nicht nur Trost zusprach, sondern ihren Schmerz und Verlust nachempfand und ihnen etwas – wahrscheinlich so viel wie möglich – davon abnahm.

Das ist wahres Mitgefühl, einfach und tief: die Schwierigkeiten, den Schmerz oder den Verlust mit einer anderen Person zu teilen – so besorgt zu sein, dass man der trauernden oder verletzten Person etwas von ihrer Last abnehmen oder ihr ein wenig Unterstützung geben will, damit sie das Problem nicht allein meistern muss.

Wenn etwas unsere Körper und unsere Seelen bedroht und bewirkt, dass unser Geist in Dunkelheit abgleitet, ist Mitgefühl oft die einzige Medizin. Niemand ist immun gegen Schmerz, und oft genug müssen wir feststellen, dass wir ihn allein nicht ertragen können. Aller Voraussicht nach kann uns niemand den Schmerz der Verzweiflung oder die Trauer über den Verlust eines Angehörigen völlig nehmen, doch die Tatsache, dass jemand, der denselben Verlust erlitten hat, mit uns trauert, ist tröstlich. Das Gefühl des Trostes entspringt der Erkenntnis, dass wir in unserer schwärzesten Stunde nicht allein sind. Der mechanische Akt, wenn man im Moment der Trauer, Verzweiflung oder Not „ihre Hände nimmt", ist der äußerliche Ausdruck des Mitgefühls. Oft bedarf dieser Akt keiner Worte, denn er spricht Bände.

Meine Großmutter hatte im Alter von 19 Jahren ihre jüngere Schwester verloren, die mit 18 der Spanischen Grippe zum Opfer gefallen war. Sie kannte den Schmerz, den der Tod verursachen kann, nur allzu gut und hatte nicht vor, die junge Mutter diesen Schmerz allein tragen zu lassen.

Da meine Großmutter für ihre warmherzigen und weisen Ratschläge bekannt war, wurde sie immer gebeten, bei Zusammenkünften wie Totenwachen, Beerdigungen oder Gedenkfeiern (bei denen man des Todes seiner Angehörigen gedenkt) ein paar Worte zu sprechen. Ihr Ratschlag war einfach: „Wenn Menschen in Not sind", pflegte sie zu sagen, „nehmt ihre Hände."

Schwierigkeiten und Probleme sind Teil des Lebens, und sie betreffen uns persönlich und kollektiv. Und manchmal trägt uns die bloße *Hoffnung* auf Mitgefühl, ohne dass sie aktiv bewiesen wird, durch harte Zeiten.

In den 1930er Jahren lernte ein Postbote im Reservat Rosebud diese Lektion. Er war an jenem kühlen, trüben Tag Ende März fast am Ende seiner Tour und hatte nur noch einen Brief auszutragen. Für die zwei Farmen, die vor seinem letzten Ziel lagen und normalerweise jeden Tag Post bekamen, hatte er an diesem Tag nichts. Deshalb beschloss er, die Abkürzung über einen selten benutzen Weideweg zu nehmen, sodass er seine Tour früher beenden könnte und Zeit für die Aufgaben hätte, die zu Hause auf ihn warteten. Es begann zu schneien, und der Schnee verwandelte sich schon bald in einen dicken weißen Vorhang, der die Sicht auf wenige Meter beschränkte. Der Postbote hätte seinen üblichen Weg mit verbundenen Augen fahren können, doch diese Abkürzung kannte er kaum. Er bog falsch ab und merkte, wie sein alter Ford T auf dem rutschigen nassen Schnee zur Seite glitt. Das Auto schlitterte den Hang hinunter und kam in einer Senke zum Stehen. Sosehr er sich auch anstrengte, es gelang ihm nicht, den Wagen den Abhang hinaufzuschieben. Der schwere nasse Schnee hatte die Böschung in rutschigen Schlamm verwandelt.

Der Postbote dachte über seine Situation und seine Möglichkeiten nach. Er befand sich am Fuße einer Senke inmitten eines Märzschneesturms, etwa 40 Meter unterhalb eines Weidewegs, der nur selten von Autos befahren wurde. Als jemand, der zeit seines Lebens im Norden der Prärie gelebt hatte, wusste er, dass Märzschneestürme unberechenbar sind. Er könnte zum Highway laufen, der etwa zwei Meilen entfernt war, aber wenn sich der Schneefall in einen Schneesturm verwandelte, wäre er ohne passende Kleidung im Freien. Nach einigen Minuten beschloss er, sich die Senke und die Abhänge näher anzusehen, in der leisen Hoffnung, dass es einen sanfteren Abhang mit geringerer Steigung gäbe, den sein Modell T hochfahren könnte. Dann fasste er erneut Mut, als er sich erinnerte, dass sich unter seinem Notsitz ein Satz Schneeketten befand. Als er aus dem Auto stieg, rutschte er jedoch auf dem nassen Schnee aus und stürzte unsanft. Dabei verrenkte er sein Knie und verletzte sich die Schulter.

Er stand unter Schmerzen auf und öffnete den Notsitz, um sich zu vergewissern, dass die Schneeketten da waren. Dort lagen sie tatsächlich. Doch sein verrenktes Knie hielt ihn davon ab, die Senke und ihre Umgebung zu inspizieren, und in seiner Schulter – die zunächst taub war – explodierte plötzlich der Schmerz. Sein rechter Arm hing seltsam herab und er nahm an, dass er sich sein Schlüsselbein gebrochen hatte. Er zog sich wieder in sein Auto zurück und überdachte erneut seine Möglichkeiten.

Sein Knie war angeschwollen, seine Schulter hämmerte und es schneite immer noch – und niemand wusste, dass er hier war. Auf der Negativseite standen das Wetter und seine Verletzungen, auf der Positivseite standen sein Auto und die Schneeketten. Aber damit die Ketten von Nutzen waren, mussten sie auf die Hinterräder aufgezogen werden. Um das zu bewerkstelligen, musste er das Auto mit dem Wagenheber anheben und die Ketten anbringen. Mit einem gebrochenen Schlüsselbein und einem geschwollenen Knie schien das eine unmögliche Aufgabe zu sein. Vermutlich wäre es am vernünftigsten, einfach abzuwarten. Irgendwann würde es aufhören zu schneien, und wenn er nicht nach Hause käme, würde sich seine Frau Sorgen machen und den Nachbarn informieren.

Doch jener Nachbar lebte vier Meilen von ihnen entfernt, und sie müsste zu Fuß dorthin gehen, da sie nur ein Auto besaßen. Und selbst wenn heute Abend oder morgen eine Suchaktion stattfinden würde, so befand er sich ja am Fuße einer Senke unterhalb eines selten befahrenen Weidewegs. Dass sie nach ihm suchen würden, dessen war er sich sicher: Seine Nachbarn waren fürsorgliche, mitfühlende Menschen, und es bestand eine geringe Chance, dass sie die Abkürzung, die er genommen hatte, nach ihm absuchen würden. Seine größte Hoffnung bestand darin, die Schneeketten aufzuziehen und zu versuchen, den Abhang bis zum Weideweg hochzufahren, bevor der Schnee zu tief wurde.

Das Vertrauen darauf, dass sein Wohlergehen dem Nachbarn am Herzen liege, veranlasste ihn, es zu versuchen, aber die schmale Unterseite des Wagenhebers versank entweder im Schlamm oder rutschte zur Seite weg. Nach mehreren Versuchen erkannte er die Zwecklosigkeit des Bemühens, mit nur einem gesunden Arm die Schneeketten anzulegen. Er dachte noch einmal nach.

Im Auto befanden sich eine Wolldecke, Handschuhe, ein halb verzehrtes, in Wachspapier eingewickeltes Stück Fleisch, Streichhölzer und eine kleine Kerosinlampe – und in sich trug er die Hoffnung, dass seine Nachbarn ihn suchen würden, wenn er zu gegebener Zeit immer noch nicht zu Hause wäre. Als er auf seine Taschenuhr schaute, wusste er, dass seine Frau ihn etwa in diesem Moment zu Hause erwarten würde. Er kam selten zu spät, nicht einmal bei schlechtem Wetter, daher würde sie sich zweifellos Sorgen machen. Eine Stunde später wäre bereits nach Sonnenuntergang. Dann würde sie oder sein Sohn vielleicht zur Nachbarsfarm gehen. Er rechnete sich aus, dass es noch mindestens drei Stunden dauern würde, bevor jemand seine Route abfahren und ihn suchen würde. Er hatte mindestens so viel Zeit, um zum Abzweig der Verbindungsstraße zurückzulaufen, der etwas mehr als zwei Meilen entfernt war. Aber der Schneefall hatte nicht nachgelassen und schon jetzt war der Weideweg bedeckt. Er würde sich auf sein Gedächtnis verlassen müssen, um ihm zu folgen.

Er war unentschlossen. Es wäre vernünftig, im Auto zu bleiben, da es Schutz bot. Er könnte sich die Nacht über warm halten, indem er die Lampe brennen ließ. Aber wenn das Wetter sich verschlechtern sollte, was im März öfters vorkam, wäre eine Suche nach ihm vielleicht unmöglich und er könnte mehrere Tage hier verbringen müssen.

Er traf eine Entscheidung. Er faltete die Decke, legte sie über seine verletzte Schulter, um sie warm zu halten, und legte sich seinen Mantel um. Das Stück Fleisch und die Streichhölzer steckte er in seine Tasche. Nachdem er Handschuhe und Mütze angezogen hatte, knöpfte er seinen Mantel zu und trat hinaus in den Schneefall. Er spürte, dass die Luft kälter wurde.

Nach einer halben Stunde anstrengenden, schmerzhaften und langsamen Anstiegs, bei dem er mehrmals stürzte, erreichte er die Hügelspitze. Das verdrehte Knie und seine gebrochene Schulter verursachten pochende Schmerzen. Er lief in kleinen Kreisen umher, bis er unter dem Schnee die flachen Spurrillen entdeckt hatte, die ihm verrieten, wo der Weg verlief. Dann musste er raten, in welcher Richtung Osten lag, um zum Abzweig zurückzukehren. Wenn er sich täuschte, würde er vier Meilen bis zur Landstraße anstatt zwei bis zum Abzweig laufen müssen.

Er wusste nicht mehr, wie es ihm gelungen war, auf dem Weg zu bleiben. Er musste oft anhalten, um mit seinem gesunden Bein im Schnee nach den flachen Spurrillen des Weges zu graben. Die Anstrengung hielt ihn zwar warm, aber sie kostete ihn auch viel Zeit. Drei Stunden nach seinem Aufbruch am Auto erreichte er den Zaun. Er folgte ihm nach rechts, konnte aber das Tor nicht finden. Er kehrte um und folgte dem Zaun in die andere Richtung. Nachdem er noch eine halbe Stunde weitergehumpelt war, erreichte er endlich das Tor. Er trat auf die Landstraße, konnte aber keine Hinweise darauf entdecken, dass ein Auto vorbeigekommen war. Er ging zum Torpfosten zurück und kauerte sich in das Zelt, das er errichtet hatte, indem er die für seine Schulter gedachte Decke an dem Zaunpfosten befestigt hatte. Auf diese Weise wurde er nicht noch stärker vom Schnee durchnässt. Plötzlich bemerkte er, dass ihn sein Kiefer schmerzte, weil er wegen des gebrochenen Schlüsselbeins und der Schmerzen im Knie die Zähne so fest zusammengebissen hatte. Mit seinem gesunden Arm fummelte er unbeholfen an der Kerosinlampe und es gelang ihm, sie zu entzünden und sich im improvisierten Zelt zu wärmen. Als er sich gegen den Pfosten zurücklehnte, hörte er das „Tocktock" eines Automotors.

Er richtete sich unter Schmerzen auf, humpelte zur Straße und wartete mit seiner Lampe in der Hand. Im Schneetreiben tauchte der Lastwagen seines Nachbarn auf. Seine Frau saß neben dem Fahrer.

Wenn der Postbote die Geschichte in den folgenden Jahren erzählte, blieb ein Element stets unverändert. „Ich wusste, dass ich mich auf das Mitgefühl meiner Nachbarn verlassen konnte", sagte er. Aus diesem Grund hatte er den Schutz seines Autos verlassen. In derselben Nacht wurde aus dem Schneefall ein heftiger Schneesturm, sodass es vielleicht Tage gedauert hätte, bis seine Verletzungen ärztlich versorgt worden wären. Tatsächlich vergingen mehrere Wochen, bis sein Ford T aus der Senke gezogen werden konnte. Bis zu seinem Tod zögerte der Postbote, der auf die Güte seiner Nachbarn vertraut hatte, weder Tag noch Nacht, seinen Nachbarn zu helfen, wenn einer von ihnen seine Hilfe benötigte.

9. TAPFERKEIT

Woohitike (Wo-oh-hi-ti-keh) –
Mut haben oder zeigen

Die Geschichte vom Verteidiger

Vor langer Zeit hat unser Volk überlebt, indem es gejagt und gekämpft hat, wenn es notwendig war. Deshalb mussten die jungen männlichen Lakota die Fertigkeiten erlernen, um sowohl Ernährer als auch Beschützer – Jäger als auch Krieger – sein zu können. Für Fertigkeiten wie das Herstellen von Waffen, das Spurenlesen und den Umgang mit Pfeil und Bogen brauchte ein Junge eine geschickte Hand und gute Augen.

Man sah schnell, welcher Junge gut mit dem Bogen umgehen konnte und wer gut beim Spurenlesen war. Um ein guter Jäger und ein guter Krieger zu sein, musste man jedoch auch tapfer sein, und das konnte man bei einem Jungen nicht immer erkennen. Wir glaubten, dass jeder die Veranlagung zur Tapferkeit besaß, doch wir wussten auch, dass den Jungen eine Möglichkeit gegeben werden musste, um ihre eigene Tapferkeit auf die Probe zu stellen.

Meine Großmutter erzählte mir vor langer Zeit die Geschichte von einem Jungen. Sein Kindername war *Hoka,* der Dachs. Obwohl er nach einem wilden Tier benannt worden war, war er ein ruhiger Junge. Als Baby hatte er fast nie geweint. Mit der Zeit würde er sich einen anderen Namen verdienen.

Hoka war ein wissbegieriges Kind. Mit zwölf konnte er besser Pfeile herstellen als die meisten erwachsenen Männer. Mit vierzehn war er treffsicher mit Pfeil und Bogen. Er konnte sich eine Spur ansehen und wusste, welches Tier wann vorübergegangen war. Hoka war ruhig und zog oft alleine los, sodass sein Vater sich Sorgen machte. Einer von Hokas Onkeln meinte, es sei an der Zeit herauszufinden, aus welchem Holz der Junge geschnitzt war.

Eines Tages organisierte jener Onkel eine Jagd und lud Hoka ein. Es war üblich, dass man einen Jungen, der kurz davor war, ein Mann zu werden, zu einer Jagd einlud oder als Hilfskraft auf den Kriegspfad mitnahm. Eine solche Hilfskraft übernahm lästige Pflichten rund ums Lager, bekam aber auch die Gelegenheit, wichtige Erfahrungen zu sammeln.

Die Jagdgesellschaft hatte es auf einen Hirsch abgesehen. Der Medizinmann benötigte die schöne Haut eines ausgewachsenen Hirschs, um daraus einen speziellen Mantel für Brautwerber zu machen, und einige der Alten aus dem Dorf benötigten frisches Fleisch. Nach den entsprechenden Vorbereitungen brachen die Jäger auf.

In einem Tal mit dichtem Eichen- und Pappelbestand fanden sie einen guten Platz für ihr Jagdlager. Hoka half bei der Errichtung des Lagers und einige der Jäger gingen auf Erkundungstour. Sie kehrten mit guten Neuigkeiten zurück. Am nächsten Morgen stellten die Jäger dem Wild nach, während Hoka die zusätzlichen Waffen, das Wasser und die Beutel mit den Nahrungsvorräten trug. Sie waren erfolgreich und kamen mit zwei schönen Hirschen zurück ins Lager.

Die Hirsche wurden gehäutet und zerlegt. Hokas Onkel teilte den Jägern mit, dass sie am nächsten Tag erneut auf die Jagd gehen würden und dass Hoka zur Bewachung des Lagers zurückbleiben würde. Die Bewachung des Lagers war eine sehr verantwortungsvolle Aufgabe. Da sich Kojoten, Wölfe und Bären auf der Suche nach Frischfleisch ins Lager schleichen konnten, musste jemand zurückbleiben. Die Bewachung des Lagers war deshalb so wichtig, weil sie der Verteidigung des Dorfes gleichgesetzt war, in dem viele wehrlose Menschen, die Alten, Frauen und Kinder, lebten. Das war eine wichtige Lektion für einen Jungen, der an der Schwelle zum Erwachsenenalter stand.

Schon bald nach Sonnenaufgang brachen die Jäger auf. Sie versicherten Hoka, dass sie bis Sonnenuntergang zurück sein würden. Sein Onkel erinnerte Hoka daran, dass das Hirschfleisch viele Familien im Dorf ernähren würde und ihm deshalb nichts geschehen dürfe. Er gemahnte ihn, dass die Hirschhäute für den Medizinmann zum Trocknen auslagen und auch sie sehr wichtig waren. Hoka griff zu Pfeil und Bogen und versprach, das Lager zu bewachen.

Das Lager lag gut versteckt zwischen Eichen und Pappeln in der Nähe eines Baches, doch das bedeutete auch, dass der Feind sich im Schutze der Bäume nah heranschleichen konnte. Das Fleisch hing auf einer Stange in den Ästen zweier junger Pappeln und war mit abgeschnittenen Weidenästen bedeckt. Es war zwar außer Sichtweite, aber vor den gierigen Nasen der vierbeinigen Fleischesser konnte es nicht versteckt werden, dessen war sich Hoka bewusst. Der erste Besucher war jedoch kein Vierbeiner. Es war die laute schwarz-weiße Elster, eine Diebin, die ihre Entdeckung rasch dem ganzen Tal kundtat. Schon bald war das Lager von einer Schar Elstern umringt.

Wenn man gelegentlich hier und dort einen Erdklumpen platziert schleuderte, konnte man die Elstern fernhalten, aber sie waren ein ständiges Ärgernis, und ihre lauten krächzenden Schreie waren ebenfalls störend. Hoka wusste, dass andere Geschöpfe wie Luchse, Pumas, Kojoten, Bären und Wölfe oft dem Ruf der Elster folgten. Wölfe und Kojoten griffen keine Zweibeiner an, aber bei Bären und Pumas sah es anders aus. Daher hielt Hoka seine Waffen bereit und beobachtete die Bäume der Umgebung.

Am Vormittag hatte Hoka keine Lust mehr, Erdklumpen nach den Elstern zu schleudern, und ging zum Bach, um seinen Wasserbeutel zu füllen. Als er zum Lager zurückkehrte, erblickte er eine Spur, die aussah wie eine Bärentatze. Er studierte sie sorgfältig. Der Abdruck war nicht tief, aber groß, und Hoka konnte sich nicht erinnern, ihn auf dem Weg zum Bach gesehen zu haben. Zurück im Lager spannte er seinen Bogen und legte die Pfeile neben sich. Mit Pfeil und Bogen kann man einen Bären töten. Einige Jäger hatten das geschafft, aber sie waren ausgewachsene Männer und viel stärker als er. Außerdem besaßen sie kräftigere Bögen. Schließlich waren Geschichten von Jägern im Umlauf, die von einem wütenden verletzten Bären getötet oder verstümmelt worden waren, beispielsweise Crooked Leg, dessen Knöchel ein Bär mit einem Biss gebrochen hatte. Nach einem angreifenden Büffel war ein Grizzly das gefährlichste vierbeinige Lebewesen weit und breit.

Hoka verstärkte seine Wachsamkeit und hielt Augen und Ohren offen. Nur die Blätter, Gräser und Büsche bewegten sich in der sanften Brise, die durch das Wäldchen wehte. Die einzigen Geräusche kamen von den lauten Elstern. Er wollte sich schon mit dem Gedanken anfreunden, dass die Spur, auf die er gestoßen war, bereits älter war, als die Elstern vor etwas Reißaus nahmen. Mit lautem Krächzen flatterten sie aus dem Wäldchen. Auch andere Vögel ergriffen die Flucht und hinterließen eine plötzliche Stille.

Hoka duckte sich, seinen Rücken gegen einen Baum gelehnt, und spannte seinen Bogen. Was auch immer die Elstern vertrieben hatte, es musste gefährlicher sein als ein Kojote. Das waren keine guten Aussichten. Nur ein wilder Jäger wie der Luchs, der Puma, der Wolf oder der Bär war fähig, alle anderen Geschöpfe in die Flucht zu schlagen. Er lauschte angestrengt und blickte sich gründlich um. Da waren nur Stille und Bewegungslosigkeit, als ob auch die sanften Winde die Flucht ergriffen hätten. Hoka blickte zur Sonne auf. Es war noch nicht Mittag, was bedeutete, dass er bis zum Sonnenuntergang und zur Rückkehr der Jäger noch lange warten musste. Er stand dem, was die merkwürdige Stille verursacht hatte, allein gegenüber.

Die Situation blieb unverändert. Vielleicht war nur etwas vorbeigekommen, hoffte er. Dann vernahm er ein Knistern aus dem Unterholz. Hoka ergriff Pfeil und Bogen und machte sich schussbereit. Er hatte Bären zwar aus der Ferne gesehen, aber noch nie aus der Nähe erlebt. Einmal, als er mit seinem Vater auf der Jagd gewesen war, hatte er gesehen, wie ein Puma einen Hirsch zur Strecke gebracht hatte. Der Puma war sehr schnell und kraftvoll gewesen. Er wusste nicht genau, was zwischen den Bäumen auf ihn lauerte, aber er schätzte, dass es ihm gelingen würde, einen oder zwei Pfeile abzufeuern.

Es herrschte erneut Stille. Hoka entspannte sich ein wenig, behielt aber den Bogen in der Hand und den Pfeil an der Sehne. Er presste seinen Rücken gegen den Baum und ließ seinen Blick langsam kreisen. Noch immer war alles still.

Er überlegte, was er tun sollte, wenn ein Bär oder ein Puma über die Lichtung auf ihn zustürmte. Beide Vierbeiner waren sehr schnell, viel schneller als ein Zweibeiner. Er würde vielleicht nur einen Pfeil abschießen können, und der würde ein so großes Tier nicht töten. Der nächste Baum war eine Pappel mit hohen Ästen. Er könnte die Pappel so hoch hinaufklettern, dass er außerhalb der Reichweite eines Bären wäre, denn Grizzlybären können nicht auf Bäume klettern, im Gegensatz zu Pumas, die damit keine Probleme haben. Hoka dachte nach. Was sollte er tun?

Er könnte weggehen und die Jäger suchen, doch sie verließen sich darauf, dass er das Fleisch bewachte. Die Jagd war keine einfache Sache, sondern bedurfte harter Arbeit sowie Geschicks und Geduld. Wenn ein Bär oder ein Puma ins Lager käme und sich das Fleisch holte, während er auf der Suche nach den Jägern wäre, würde er dafür verantwortlich gemacht werden. Jeder würde sich über ihn lustig machen, weil es so aussähe, als ob er die Flucht ergriffen hätte. Hoka seufzte tief. Offensichtlich blieb ihm nichts anders übrig, als das Lager zu verteidigen. Doch er wusste ganz genau, was ein Bär oder ein Puma ihm antun könnte. Er schauderte beim Gedanken daran. Einer der Jäger hatte eine Lanze mitgenommen, die er jetzt an sich nahm. Sie wäre das letzte Mittel, zu dem er greifen würde, wenn seine Pfeile danebengingen.

Dann knisterte es wieder, diesmal zu seiner Linken. Hoka drehte sich um und schoss, doch er sah nichts. Dieses Mal war das Geräusch lauter. Wer auch immer dieses Geräusch verursachte, es war kein kleines Tier wie ein Dachs oder ein Fuchs. Es musste groß sein.

Etwas bewegte sich, etwas Dunkles, Großes und Schnelles. Hoka nahm die Bewegung aus seinem Augenwinkel wahr. Er rang nach Luft und drehte sich um. Die schwarze Gestalt verschwand hinter einigen Bäumen. Hoka wartete ab und versuchte, nicht zu schwer zu atmen, weil er wusste, dass das seine Zielsicherheit beeinträchtigen würde, wenn er schießen müsste. Jetzt war er sich sicher. Da draußen *war* etwas! Er merkte plötzlich, wie sein Herz in seiner Brust pochte.

Hoka versuchte trotz seiner Angst, einen klaren Gedanken zu fassen. Er vermutete, dass es kein Puma war, denn Katzen stellten ihrer Beute nach. Ihre Jagdtechnik bestand darin, sich anzupirschen und dann zu springen. Das Ding da draußen war dunkel, vielleicht sogar schwarz, aber nicht gelbbraun. Es könnte ein Bär sein. Irgendetwas war dort draußen, mit dem er vielleicht den Kampf aufnehmen musste. Als er an die Geschichte des Jägers aus einem Dorf im Norden dachte, wünschte er sich lieber einen Bären als Gegner. Sein Großvater hatte ihm von einem Mann erzählt, der in der Nähe des Great Muddy River auf die Jagd gegangen war. Er hatte bemerkt, dass ihn ein Puma beobachtete. Der Puma verfolgte ihn über einen Fluss, in den Wald und auf einen Baum. Die Katze war erbarmungslos und sie schrie und fauchte beim

Klettern. Irgendwie schaffte es der Jäger, seinen Speer nach ihr zu werfen, als sie sprang. Sie spießte sich selbst auf und sowohl die Katze als auch der Jäger fielen krachend auf den Waldboden. Der Jäger hatte sehr viel Glück gehabt. Er konnte seine Geschichte den Mitmenschen erzählen. Aus dem Fell des Pumas hatte er einen schönen Behälter für seinen Bogen und einen Köcher für seine Pfeile gefertigt.

Ein Puma war das Letzte, dem Hoka begegnen wollte. In Wahrheit wollte Hoka aber auch keinem Bären begegnen, doch es schien, als ob er keine Wahl hätte. Er suchte das Wäldchen um ihn herum nochmals ab. Sein Mund war trocken. Er zog sein Hemd aus, damit die Ärmel der Bogensehne nicht im Weg wären. Er nahm drei Pfeile aus dem Köcher, steckte sie vor sich in den Boden und positionierte seinen Köcher, der noch mindestens zwanzig Pfeile enthielt, auf seiner linken Hüfte. Den schon gespannten Pfeil eingerechnet blieben ihm – wenn er genügend Zeit hätte – vier schnelle Schüsse.

Ein lautes Geräusch hinter seinem Rücken ließ ihn zusammenfahren. Er wirbelte herum und spannte seinen Bogen in der Erwartung, ein großes schwarzes Ding zu erblicken, das es auf ihn abgesehen hatte. Das Geräusch erstarb. Mit angehaltenem Atem wartete er, schaute und horchte. Von rechts vernahm er in der Ferne ein dunkles, kehliges Knurren. Der Bär – wenn es denn ein Bär war – hatte sich rasch auf Hokas Seite zubewegt. Hoka wartete. Er sah nach unten und erkannte, dass all seine Pfeile aus dem Köcher gefallen waren. Mit zitternden Händen griff er die Schäfte und ließ die Pfeile wieder in den Köcher gleiten. Er atmete mehrmals tief ein, um sich zu beruhigen, und blickte zwischen die Bäume zu seiner Rechten. Das Ding hatte ihn von links nach rechts umkreist. Vielleicht wäre es am besten, nach vorne zu schauen, wo es jetzt sein könnte, dachte er. Er hatte recht.

Noch ein tiefes, kehliges Brummen hallte durch das Wäldchen. Hoka wusste, wie die Hunde knurrten, aber dieser Laut schien aus einem tiefen Loch zu kommen. Alles, was er tun konnte, war, den halb gespannten Bogen auf die Stelle zu richten, von der das Grollen kam. Er wünschte von ganzem Herzen, dass die Jäger zurück wären, aber bis Sonnenuntergang war es noch lange hin. Wie böse würde mein Onkel sein, fragte er sich, wenn ich mich jetzt an einen sicheren Ort, weit weg vom Bären begäbe? Natürlich konnte er das nicht wissen, aber er war kurz davor, so weit und so schnell zu rennen, wie er konnte. Dann beschloss er, auf einen Baum zu klettern.

Der Baum war immer noch nah genug, um von ihm aus zu erkennen, wenn sich etwas dem Fleisch näherte. Wenn es ein Bär wäre, würde er versuchen, ihn mit Schreien zu vertreiben. Wenn das nicht helfen würde, könnte er von einem sicheren Ast aus auf ihn schießen. Hoka sammelte seine Lanze, seinen Bogen und seine Pfeile ein und kletterte rasch hinauf. Er fand eine stabile Astgabelung, die höher war als zwei Männer. Dort deponierte er seine Lanze und fand einen Ast, an den er seinen Köcher hängen konnte. Von dort oben hatte er zudem eine bessere Sicht auf die Lichtung. Als er sich niedergelassen hatte, hörte er ein weiteres Knurren. Er drehte sich rasch um und sah gerade noch eine schwarze Gestalt durch das Buschwerk huschen. Sie schien das Lager zu umkreisen.

Hoka fühlte sich sicher auf seinem Baum. Er vergewisserte sich, dass er einen festen Stand hatte und das Gleichgewicht hielt, und spannte einen Pfeil. Die dunkle Gestalt – er war sich sicher, dass es ein Bär war – hatte sich zwischen einigen niedrigen Büschen niedergelassen, die deutlich in seiner Schussweite lagen. Er müsste zwar zwischen zwei Bäumen hindurchschießen, doch er war sich sicher, dass er sie aus dieser Distanz treffen würde. Die schwarze Gestalt erhob sich langsam aus ihrem Versteck. Es war ein Bär und er schien Hoka direkt anzusehen! Vielleicht würde ein Warnschuss ja schon reichen, um ihn zu vertreiben, dachte er.

Hoka spannte seinen Bogen, zielte genau und schoss. Sein Pfeil flog in Richtung des Bären, der sich schnell duckte, sodass er nicht mehr zu sehen war. Hoka meinte, einen Schrei vernommen zu haben, ein erschrockenes, überraschtes Grunzen und darauf ein Rascheln im Gebüsch. Dann war Stille.

Man hatte ihm gesagt, dass verletzte Tiere gefährlich seien. Er nahm an, dass der Bär versuchen würde, den Baum hochzuklettern und auf ihn loszugehen. Er legte einen weiteren Pfeil an und wartete. Die Stille dauerte an.

Kein weites Knurren, keine weitere Bewegung im Gebüsch. Hoka behielt die Stelle im Auge, an der er den Bären zuletzt gesehen hatte, und wartete darauf, dass dieser wutentbrannt hervorkäme. Doch es passierte nichts. Nichts in dem Wäldchen rührte sich. Hoka schaute sich von seinem hohen Aussichtsposten aus um. Nur ein Eichhörnchen bewegte sich in einer nahe gelegenen Eiche.

Er hielt seinen Bogen gespannt. Ihm blieb nichts anderes übrig, als abzuwarten und sich zu fragen, ob er den Bären mit nur einem Pfeilschuss getötet hatte. Das war unwahrscheinlich.

Die Sonne stand im Zenit und begann bald darauf, sich zum westlichen Horizont der Prärie zu bewegen. Hoka war immer noch unwillig, seinen sicheren Platz im Baum aufzugeben. Er legte seinen Bogen beiseite und richtete sich in der Gabelung zweier großer Äste ein. Eine Elster flatterte durch die Bäume, landete auf den Ästen, über denen das Hirschfleisch hing, und sandte ihren rauen Schrei an all ihre Verwandten. Hoka atmete erleichtert auf. Das konnte nur bedeuten, dass vom Bären keine Gefahr mehr ausging.

Es kamen immer mehr Elstern, bis die schwarz-weißen Vögel auf den Zweigen, über denen das Hirschfleisch hing, eine Reihe bildeten. Hoka dachte daran, einen Pfeil abzuschießen, um sie zu erschrecken. Dann erkannte er, dass sie seine Wachposten waren. Wenn irgendeine Art von Gefahr nahte, würden sie davonfliegen. Und selbst alle Elstern zusammen könnten das Hirschfleisch nicht wegtragen. Also ließ er sie in Ruhe.

Der Nachmittag zog sich hin, und die Schatten wurden immer länger. Hoka beschloss, vom Baum zu klettern. Am Boden angekommen, entfachte er rasch ein Feuer. Der Rauchgeruch würde jedes Tier, das sich näherte, warnen. Der Rauchgeruch würde zwar auch den zweibeinigen Feind davon in Kenntnis setzten, wo sich das Lager befand, doch er beschloss, das Risiko einzugehen. Seine Freunde, die Elstern, pickten immer noch am Fleisch, und er war sicher, dass sie es ihn wissen lassen würden, wenn sich jemand näherte. Dennoch hielt er seine Waffen griffbereit.

Hoka war neugierig auf den Bären – wenn es denn ein Bär war. Da die Elstern keine Angst zeigten, beschloss er nachzusehen. Im letzten Augenblick griff er zu der Lanze statt zum Bogen.

Er war bei jeder seiner Bewegungen auf der Hut, als er sich vorsichtig von Baum zu Baum bis zum Gebüsch schlich, in dem sich der Bär versteckt hatte. Sein Herz klopfte, als er einen Baum erklomm, um eine bessere Sicht zu haben. Er sah nichts. Als er wieder Boden unter seinen Füßen hatte, durchkämmte er leise das Gebüsch, bis er zerbrochene Äste, herausgerissenes Gras und Blut entdeckte. Sein Pfeil hatte sein Ziel getroffen!

Der Vernunft gehorchend ging er zurück zum Feuer, legte Holz nach und wartete. Die Elstern pickten immer noch am Hirschfleisch. Jetzt, da irgendwo dort draußen ein verletzter Bär umherstreifte, durfte er seinen Wachposten nicht verlassen. Die Jäger! Hoka hoffte, dass der Bär die Jäger nicht sehen und angreifen würde.

Ein Schrei ließ ihn zusammenschrecken. Die Jäger kehrten aus östlicher Richtung zurück, während der Bär in Richtung Westen gelaufen war. Hoka war erleichtert – und hatte sich in seinem ganzen Leben noch nie so gefreut, jemanden zu sehen. Ein Hirsch mit großem Geweih lag über einer Stange, die von zwei Jägern gezogen wurde. Sie sahen alle müde aus, und Hokas Onkel schien verletzt zu sein. Als Antwort auf Hokas fragenden Blick erzählten sie ihm ihre Geschichte.

Einer von ihnen hatte den Hirsch angeschossen, der in seiner Verzweiflung in ihr Versteck eingedrungen und auf Hokas Onkel herumgetrampelt war. Es war keine ernste Verletzung, doch er blutete.

„Ist hier alles in Ordnung?", fragte Hokas Onkel.

„Ja", antwortete Hoka. „Das Fleisch hängt immer noch hier."

„Wir sind seit heute Morgen weg gewesen. Ist irgendetwas passiert?"

Hoka dachte einen Augenblick lang nach. Er wollte ihnen von dem Bären erzählen, aber sie würden ihm höchstwahrscheinlich nicht glauben.

„Nein", sagte er. „Es ist nichts passiert. Außer, dass die Elstern immer noch versuchen, das Fleisch wegzutragen."

Die Jäger sahen ihn an und schmunzelten.

„Du hast das Lager gut bewacht", sagte einer von ihnen.

Hoka lächelte. Sie wussten nicht, wie wahr ihre Worte waren.

„Es wäre gut, wenn wir heute Nacht eine Wache aufstellen würden", sagte er, „ich hörte, dass es hier Bären geben soll."

„Du sprichst wie ein wahrer Jäger und ein guter Mann", sagte sein Onkel. „Ja, wir werden uns bei der Wache ablösen. Bären sind klug und durchtrieben. Man weiß nie, wie sie sich verhalten, besonders wenn sie frisches Fleisch riechen."

Hoka wuchs zu einem guten jungen Mann heran. Bei seiner Namenszeremonie gaben ihm sein Vater und sein Onkel den Namen *Naicinji*, der Verteidiger. Er wurde diesem Namen immer gerecht. Naicinji war ein geschickter Jäger und ein starker Krieger. Seine Familie hatte immer genug Nahrung und Kleidung, und er sorgte auch für die Bedürftigen. Als Krieger gewann er viele Auszeichnungen, doch er war immer ein ruhiger Mann und niemals prahlerisch. Das machte seine Eltern sehr stolz. Naicinji warb um eine hübsche junge Frau und gewann ihre Liebe. Sie heirateten und bekamen eine Tochter. Jahre später brachte Naicinjis Onkel ein Geschenk für seine Enkelin. Er reichte ihr einen Pfeil.

„Ein Bär hat ihn mir vor langer, langer Zeit geschenkt", erzählte er dem Kind, während seine Eltern zuhörten. „Er bekam ihn von einem der tapfersten junger Männer, die er jemals gekannt hatte", sagte er. „Ich gebe ihn jetzt dir, meine Enkelin. Halte ihn in deiner Hand und lasse seinen Geist auf dich übergehen, damit du eines Tages die Mutter tapferer Jäger und Krieger wirst. Er gehört deinem Vater, einem der tapfersten Männer, die ich jemals gekannt habe."

Tapfer sein

Was ist Tapferkeit? Und warum ist sie eine notwendige Tugend?

Viele von uns glauben, dass der ultimative Beweis von Tapferkeit nur auf dem Schlachtfeld erbracht werden kann. Die Konfrontation mit der Möglichkeit oder gar der Wahrscheinlichkeit des Todes oder großen körperlichen Schadens ist zweifelsohne eine der beängstigendsten Situationen, denen ein menschliches Wesen ins Auge blicken kann. Aber das Leben fordert Tapferkeit auf viele Arten ein.

Im Januar 1951 wurde ein fünfjähriger Junge aus dem Rosebud Sioux Reservat mit einer einfachen Besorgung beauftragt. Er sollte den Verwandten, die am Fuße des Berges wohnten, und seinen Großeltern einen Beutel mit frischem Fleisch bringen. Es war bereits nach Einbruch der Dunkelheit, doch der Vollmond schien. Er musste sich zweieinhalb Meilen durch frisch gefallenen Schnee zum Haus der Verwandten kämpfen. Der Junge kannte den Weg. Er war ihn schon oft gegangen, aber niemals ganz allein in der Nacht.

Es war ein angenehmer Abend für Januar, und die Luft war so klar und eisig, dass der Schnee unter seinen Füßen beim Laufen knirschte. Der Himmel war klar und es war eine schöne Winternacht mit zahlreichen Sternen und Mondlicht, das sich auf dem Schnee spiegelte. Der Junge ging ganz entspannt und war nicht im Geringsten beunruhigt. Er nahm den Stoffbeutel abwechselnd von einer Hand in die andere und schwang ihn im Rhythmus seines Laufschritts vor und zurück. Irgendwo in der Ferne erklang das Geheul eines Kojoten, gefolgt vom zittrigen Ruf eines Käuzchens. Nichts war dem Jungen fremd, weder das Geheul des Kojoten noch der Ruf des Käuzchens, weder die sternenklare, mondhelle Nacht, noch der Schnee, noch die Kälte, noch die Landschaft selbst.

Auf halbem Weg zu seinen Verwandten passierte jedoch etwas, das einen winzigen Anflug von Besorgnis bei dem Jungen auslöste. Es passierte nicht nur einmal, sondern mehrfach, und der Anflug von Besorgnis verwandelte sich in erste Symptome von Angst. Der Junge schwang, wie gesagt, seinen Beutel mit Fleisch beim Laufen vor und zurück. Am hinteren Ende jedes Schwungs berührte der Beutel *etwas* ganz leicht.

Sofort tauchten wilde Gedanken und Bilder im Kopf des Jungen auf, doch er wagte es nicht, den Beutel nicht mehr zu schwingen, und er wagte es auch nicht, sich umzudrehen. Seine Gedanken wurden von fürchterlich großen, schwarzen, hungrigen Gestalten mit schäumenden weißen Fängen und langen, gebogenen Krallen beherrscht.

Sie waren offenbar zunächst an dem Beutel mit Fleisch interessiert, aber dann … Der Junge hatte seiner Meinung nach zwei Möglichkeiten. Er könnte den Beutel fallen lassen und wegrennen oder er könnte mit dem Beutel wegrennen. Die zweite Wahl schien die ehrenhaftere zu sein, denn seine Großmutter hatte ihm eingeschärft, wie wichtig es war, seinen Verwandten das Fleisch zu bringen, die schon darauf warteten.

Selbst während er seine Möglichkeiten abwog, stieß er beim Rückschwung mit dem Beutel an *etwas*. Ohne eine Mahlzeit, dachte er weiter, würden die unbeschreiblichen schwarzen Gestalten aber vermutlich nicht verschwinden.

Ein Geistesblitz durchzuckte seinen Geist wie eine Sternschnuppe. Bevor er darüber nachdenken konnte, handelte er schon entsprechend. Er schwang den Beutel mit aller Kraft zurück. Dann wollte er so schnell rennen, wie er noch nie in seinem fünfjährigen Leben auf dieser Erde gerannt war. Doch das musste er nicht.

Ein spitzer Aufschrei überraschte und verwirrte ihn. Fast wäre er losgerannt, aber dann erkannte er die Stimme. Es war sein Hund. Der unglaublich erleichterte Junge umarmte seinen Hund, erledigte seinen Auftrag und ging nach Hause, um von seinem ereignislosen Ausflug zu berichten.

Im selben Jahr diente der junge Sergeant Mitchell Red Cloud vom Stamm der Winnebago aus dem Osten Nebraskas als Infanteriesoldat im Koreakrieg. Seine Schützengruppe befand sich mit einer großen koreanischen Einheit in einem Feuergefecht und war gezwungen, den Rückzug anzutreten. Sergeant Red Cloud sicherte den Rückzug seiner Einheit, indem er auf den herannahenden Feind feuerte und sich damit selbst zur Zielscheibe machte, als dieser das Feuer erwiderte. Seine Stellung wurde überrannt und er getötet, doch sein Handeln hatte seiner Einheit ermöglicht, sich in Sicherheit zu bringen. Red Cloud wurde posthum mit dem höchsten Orden der amerikanischen Streitkräfte ausgezeichnet.

Man kann den Mut eines fünfjährigen Jungen nicht mit dem grenzenlosen Mut eines Infanteriesoldaten vergleichen, der sein Leben für seine Kameraden opfert. Dennoch hat es in der Kindheit von Red Cloud mit Sicherheit einen prägenden Moment gegeben, wo er „sein Lager verteidigen" lernen musste und herausfand, dass er tapfer sein konnte, wenn es notwendig war.

Glücklicherweise müssen sich die meisten von uns nicht auf dem Schlachtfeld beweisen, aber wir müssen mit den Herausforderungen des Lebens fertig werden und seine Hürden nehmen. Schikanen auf dem Schulhof, Berufsverkehr, Verletzungen, Krankheit, Gleichgültigkeit, unser eigenes Gefühl von Unzulänglichkeit, Arbeitslosigkeit, Unentschlossenheit, Rassenvorurteile, körperliche Behinderung – die Liste ist nahezu endlos. Es gibt einen fast fortwährenden Angriff auf unser allgemeines Wohlbefinden und auf unsere Selbstachtung, ganz zu schweigen von gelegentlicher oder gar häufiger Bedrohung durch Körperverletzung.

So ist das Leben.

Tapferkeit ist eine notwendige Tugend, die das Leben verlangt. Ob es sich nun um eine Krankheit, ein gebrochenes Herz, eine verpasste Gelegenheit, ein schlechtes Geschäft, einen herannahenden Wirbelsturm, eine schwere Entscheidung oder eine dunkle Gasse handelt, das Leben fordert uns ständig heraus. Jede Herausforderung ist auch eine Aufforderung, eine offene Einladung.

Früher schnitzten die Jäger und Krieger der Lakota ihre Bögen aus Eschenholz selbst. Die stärksten Bögen wurden aus trockenem, gut abgelagertem Holz gemacht. Man kann das notwendige Holz auf zwei Arten herstellen. Üblicherweise wird eine junge Esche mit der richtigen Höhe und dem richtigen Umfang gefällt. Dann lässt man das Holz fünf Jahre trocknen und aushärten. Doch die Jäger und Krieger waren immer auf der Suche nach einem ausgewachsenen Baum, der vom Blitz getroffen worden war. Ein solcher Baum war von der großen Energie des Blitzes in nur einem Augenblick getrocknet und ausgehärtet worden, und die Bögen, die daraus hergestellt wurden, waren bei Weitem die stärksten. Vom Blitz getroffene Eschen gab es nur sehr selten, dennoch wurden sie bevorzugt, weil sie äußerstes Leid erlitten hatten, und äußerstes Leid erzeugt äußerste Stärke.

So ist das Leben.

Ich glaube, dass in jedem von uns die Fähigkeit zur Tapferkeit steckt und dass jeder von uns das Lager verteidigen kann, wenn es notwendig ist. Das Leben wird uns Gelegenheit dazu geben, uns einladen, die Herausforderung zum Kampf anzunehmen, und mit der Zeit werden wir durch unsere Herausforderungen geformt und gestärkt.

An einem frühen Nachmittag im Mond der Kirschreife (Juni) waren blau gekleidete Soldaten zur südlichen Grenze eines Dorfes vorgedrungen, doch sie waren abgewehrt worden – von Kriegern, die die Gefahr erkannt hatten. Eine neue Gefahr näherte sich von Norden, als eine andere Gruppe Soldaten den Greasy Grass River zu überqueren suchte, um das Lager anzugreifen. Doch auch sie wurden abgewehrt und in Richtung Norden vertrieben.

In dem großen Dorf, das sich über zwei Meilen am Westufer des Flusses erstreckte, erhoben sich reichlich Unruhe und Lärm. Der Gewohnheit im Kriegsfall entsprechend flohen Frauen und Kinder vor dem Angriff. Eine alte Frau aber machte sich wegen ihrer jungen männlichen Familienangehörigen, die am anderen Flussufer in die Kriegshandlungen verwickelt waren, Sorgen. Sie nahm ihre junge Enkelin bei der Hand und überquerte gemeinsam mit ihr den Fluss. Krieger, die auf dem Weg in die Schlacht an ihnen vorbeiritten, forderten sie auf, ins Dorf zurückzukehren, aber sie kamen der Aufforderung nicht nach.

Die beiden erreichten einen Hügel, von dem sie die Schlacht genau beobachten konnten. Eine braune Staubwolke hing über der Erde und die Schüsse aus den Gewehren der Soldaten und Krieger hallten in der Luft. Sie konnten sehen, wie die Soldaten wegrannten und fielen, als sie von den Lakota und den Sahiyela (den nördlichen Cheyenne) erbarmungslos vertrieben wurden.

Die alte Frau ließ sich auf einem kleinen, steilen Vorsprung nieder, während die Soldaten eine hohe Hügelspitze im Nordosten einnahmen. Plötzlich kam eine Gruppe von Soldaten auf sie zu, doch sie wurden ebenso plötzlich von den vorrückenden Kriegern auf einen Mann reduziert. Die alte Frau spürte, dass der Sieg zum Greifen nahe war, aber es fielen immer noch Schüsse, während die Krieger, großenteils zu Fuß, die letzte Gruppe von Soldaten auf dem Hügel angriffen.

Die alte Frau wurde von ihren Gefühlen überwältigt und fing an zu weinen. Dann begann sie zu singen. Ihre klare, starke Stimme erhob sich über den Lärm entfesselter Gewalt. Sie sang ein Motivationslied über Mut und Ehre für die tapferen Krieger, die ihr Volk verteidigten. Sie hob ihre Arme zum Gebet und sang ein Lied nach dem anderen, während ihre Enkelin sich an ihren Rockzipfel klammerte und die Schlacht mit großen, ängstlichen und staunenden Augen verfolgte.

Bald verstummten die Gewehre und Siegesschreie ertönten. Die Schlacht war vorbei, die Lakota und Sahiyela hatten gesiegt, doch die alte Frau sang weiter, während ihr die Tränen die Wangen hinabkullerten. Ein berittener Krieger mit den Spuren des Kampfes und der Freude des Sieges auf seinem Gesicht näherte sich. Er stieg vom Pferd und legte eine rote Schärpe über die Arme der alten Frau. Es war Crazy Dog Warrier, Mitglied einer Elitetruppe, die während der Schlacht mit ihren roten Schärpen, dem sichtbaren Zeichen, dass sie bis zum Sieg oder zum Tod kämpfen würde, oft an riskanten Gefechtsorten zum Einsatz kam. Er hatte die alte Frau gesehen und ihren Gesang gehört und würdigte nun ihren Mut. Während er davonritt, näherte sich ein weiterer Krieger und tat das Gleiche. Es folgte ein Krieger nach dem anderen, bis die alte Frau mit roten Schärpen bedeckt war.

Diese Geschichte hörte ich, als ich noch ein kleiner Junge war, von einer Frau, die selbst als alt bezeichnet werden konnte. In ihre silbergrauen Zöpfe hatte sie rote Stoffstreifen gewoben, die von Tüchern stammten, die ihre Großmutter ihr gegeben hatte. Sie war das junge Mädchen, das neben ihrer Großmutter gestanden hatte, während diese 1876 bei der Schlacht am Greasy Grass River, auch Schlacht des Little Bighorn genannt, Motivationslieder sang. Sie erzählte, dass ihre Großmutter ihr die roten Stoffstreifen als Erinnerung an sie gegeben hatte. Doch die roten Streifen erinnerten sie auch daran, dass sie selbst tapfer sein konnte.

Tapfer zu sein bedeutet, in harten Zeiten Mut zu haben oder zu beweisen und im Angesicht des Schmerzes stark zu sein. Wenn du glaubst, nicht zu wissen, wie man tapfer sein kann, schaue dich um. Du wirst jemanden finden, der es weiß. Folge ihr oder ihm. Wenn du diesem Menschen lange genug folgst, wirst du lernen, mutig zu sein, und der Mut wird in dir zum Vorschein kommen. Wenn das passiert, drehe dich um. Sei nicht erstaunt, wenn dir jemand folgt.

10. INNERE STÄRKE

Cantewasake (Kan-te-wah-scha-keh) –
Geistige und emotionale Stärke

Die Geschichte vom Hund der alten Frau

Vor langer Zeit, in den Tagen, bevor wir Lakota auf das offene Grasland westlich des Great Muddy River zogen, gab es ein wunderbares Sommerfest an einem Fluss mit vielen kleinen Wasserfällen. Es war eine Zeit der Erneuerung. Der Sonnentanz war aufgeführt worden. Es war auch eine Zeit, um alte Freunde und Verwandte wiederzutreffen, und um in Erfahrung zu bringen, wer seit dem letzten Treffen ins Jenseits gegangen war.

Viele, viele Menschen waren versammelt. Es gab große Festgelage, man erzählte von großen Siegen, Krieger wurden geehrt, und die Tänze dauerten bis spät in die Nacht. Die Lager erstreckten sich am River of Low Falls. Ein aus dem stärksten Bogen abgeschossener Pfeil hätte nicht weit genug fliegen können, um der Läge dieses großen Lagers zu entsprechen.

Forgets Nothing, eine wunderschöne junge Frau aus einem kleinen Dorf der White Swans, saß vor ihrer Hüttentür und bereitete die Stacheln eines Stachelschweins zum Trocknen vor. Sie presste einen nach dem anderen mit ihrem Daumennagel gegen einen flachen Stein. Nicht jede Frau hatte genügend Geduld für diese Arbeit.

Forgets Nothing konnte bei der Arbeit nicht umhin, das muntere und geschäftige Treiben zu beobachten. Kinder schossen wie Schwalben blitzschnell durch die Menschenmengen. Gruppen alter Männer saßen im Schatten von Pappeln, um zu reden und um Handel zu treiben. Die alten Frauen hatten ihre eigenen Gruppen. Irgendwo hörte man das sanfte Schlagen einer Trommel. Im Stillen beneidete Forgets Nothing die Paare, die zusammen spazieren gingen, weil sie selbst noch nicht verheiratet war. Da sie einen verkrüppelten Fuß hatte und humpelte, machten ihr nicht viele Männer den Hof.

Eine sehr alte Frau, die ein großes Bündel trug und einen großen hübschen Hund an einem Seil mit sich führte, löste sich aus der Menge, kam auf sie zu und machte an Forgets Nothings Lagerfeuer halt. „Jede Frau möchte gerne geflochtene Stachelschweinstacheln in ihrem Haar tragen", sagte die alte Frau. „Doch nur wenige möchten sich die Arbeit machen, sie zu färben und zu flechten. Deine Arbeit ist ungewöhnlich gut für dein Alter."

„Ich habe es von meiner Mutter und meiner Großmutter gelernt", antwortete Forgets Nothing. „Setz dich doch und ruhe dich aus, wenn du magst, Großmutter."

Die alte Frau lächelte und legte ihr Bündel ab. Sie wirkte gebrechlich, doch in ihren dunkeln Augen erstrahlte ein Licht, das dem Funkeln der Glühwürmchen glich. Ihr graues Haar war in zwei Zöpfe gebunden und ihr Gesicht war von Furchen eines sehr langen Lebens durchzogen.

„Ich danke dir, Enkeltochter. Ich bin an vielen Lagerfeuern vorbeigekommen, aber du bist die Erste, die einer alten Frau anbietet, sich auszuruhen."

Forgets Nothing erhob sich und überreichte ihrem Gast eine aus Weidenruten gefertigte Rückenstütze. Der Hund legte sich hin, als die alte Frau Platz nahm. „Das ist ein schöner Stuhl", sagte die Frau. „Es tut gut, sich auszuruhen."

„Ich habe Tee", bot Forgets Nothing an, „und noch etwas Eintopf." Sie entdeckte, dass der Hund ein kleines, viereckiges Medizinbündel um den Hals trug, dessen Ränder mit blauen Stachelschweinstacheln verziert waren. „Das ist ein schönes Bündel", bemerkte sie.

„Danke. Ich habe es selbst angefertigt. Ich danke dir für deine Güte. Mein Name ist Good Voice“, sagte die alte Frau. „Ich bin erst heute angekommen. Ich habe Heilkräuter für einige Verwandte, die nicht hier sind. Also muss ich weiter, aber ich werde zurückkehren. Ich habe in den vielen Sommern meines Lebens noch kein derartiges Fest gesehen.“

Forgets Nothing bewirtete ihren Gast mit Tee und Eintopf. Die alte Frau war liebenswert. Sie aß still und genoss das Essen, was viele ältere Menschen tun. Nachdem sie aufgegessen hatte, gab sie die große Büffelhornschale zurück und schlürfte den Tee aus einer kleineren Schale. Ihre Kleidung war staubig und sie trug keine Mokassins. Sie war weit gereist.

„Wie weit musst du noch reisen, Großmutter?“, fragte Forgets Nothing.

„Nicht weit“, antwortete die alte Frau, „aber ich muss ihnen zeigen, wie man die Medizin zubereitet, deshalb werde ich einige Tage lang weg sein.“

„Meine Mutter und ich haben noch Platz in unserem Tipi, falls du keinen Ort zum Übernachten hast. Bleib doch bei uns.“

„Danke. Es wäre schön, in einem Bett zu schlafen. Ich bin so weit gereist. Doch jetzt muss ich weiter. Ich frage mich, ob du mir bei einer anderen Sache behilflich sein könntest?“

„Liebend gern, Großmutter“, antwortete Forgets Nothing.

„Gut“, sagte die alte Frau. „Das ist mein Hund.“ Sie streichelte dem Hund sanft über den Kopf. „Man hat mir gesagt, dass seine Großmutter ein Wolf war. Deshalb ist er so groß und stark. Er ist ein sehr guter Jäger, der beste, den ich kenne. Und er ist mein Freund. Er hört mir zu, ohne sich zu beschweren, und gibt keine respektlosen Antworten. Doch ich habe erst heute Morgen einen Dorn aus seiner Pfote gezogen und ich will, dass er sich ausruht. Kannst du bis zu meiner Rückkehr auf ihn aufpassen?“

„Das werde ich tun“, versprach Forgets Nothing. Der Hund

wedelte mit dem Schwanz, als ob er es verstanden hätte. „Hat er einen Namen?“

„Gut!“ Die alte Frau war glücklich darüber und mühte sich, aufzustehen. „Er hat keinen Namen. Vielleicht fällt dir einer ein. Ich werde dir etwas dafür geben, dass du auf ihn aufpasst. Denke daran, er ist alles, was ich auf dieser Welt habe.“

Mit diesen Worten überreichte die alte Frau Forgets Nothing den Strick, griff ihr großes Bündel, ging davon und verlor sich schnell in der Menge. Forgets Nothing band den Strick an eine Zeltstange und warf dem Hund ein Stück Fleisch hin. Der Hund nahm es mit einem Schwanzwedeln, schluckte es herunter und sah hoch zu Forgets Nothing, wobei seine braunen Augen hell und neugierig leuchteten.

„Es ist nicht schwer, einen Namen für dich zu finden“, sagte sie ihm. „Ich werde dich Wolf Eyes nennen, da deine Großmutter ein Wolf war. Ich glaube, du hast ihre Augen.“

Forgets Nothings Mutter, Corn Woman, kam von einem Besuch nach Hause. „Wir haben jetzt einen Hund?“, fragte sie.

„Nur für ein paar Tage“, erklärte Forgets Nothing. „Er gehört einer alten Frau namens Good Voice. Er hat einen verletzten Fuß, und sie musste weiterreisen, deshalb bat sie mich, bis zu ihrer Rückkehr auf ihn aufzupassen. Ich habe ihn Wolf Eyes genannt.“ Der Hund wackelte mit dem Schwanz. „Es ist ein schöner Hund“, stellte Corn Woman fest.

Der Hund machte keinerlei Probleme, wie es die alte Frau versprochen hatte. Er folgte Forgets Nothing treu, wenn sie im Lager umherlief. Jeden Tag kamen mehr Menschen, und das Lager wurde immer größer. Es gab viele Hunde, da sie Lastentiere waren und die Schleppstangen zogen, auf denen sich der Besitz der Reisenden stapelte. Außer den Jungtieren waren alle Hunde groß und kräftig, doch keiner war so groß wie Wolf Eyes.

Er blieb bei Forgets Nothing, ohne dass er angebunden werden musste, und zeigte ebenso viel Interesse an dem regen

Treiben wie sie. Sie sprach mit ihm, wie sie mit einem guten Freund gesprochen hätte, wenn sie einen gehabt hätte. Und er hörte mit großem Interesse zu. Nachts rollte er sich gleich neben dem Eingang zusammen und blieb so lange dort, bis der Eingang am nächsten Morgen wieder geöffnet wurde.

Eines Nachmittags näherte sich ein hinkender Mann dem Tipi von Forgets Nothing und hielt davor an. „Mein Name ist Long Walker", verkündete er. Seine Stimme war tief und seine Augen leuchteten. Er war gut gekleidet und hatte das Auftreten eines sehr bedeutenden Mannes. Forgets Nothing hatte von ihm gehört. Er war ein ausgezeichneter Krieger. „Ich habe beim Vorübergehen deinen Hund bemerkt", sagte er. „Er sieht stark aus. Er sieht aus, als ob er eine schwere Last ziehen könnte."

„Er ist ein guter Hund", antwortete Forgets Nothing. „Und er ist groß und stark, aber ich weiß nicht, ob man ihm beigebracht hat, mit Schleppstangen zu arbeiten."

„Das ist ganz leicht", antwortete Long Walker. „Ich brauche einen solchen Hund. Es ist schon einen Mond her, seit ich in einer Schlacht verwundet wurde. Mein Bein wurde durch zwei Pfeile verletzt und die Wunden sind noch nicht verheilt, deshalb brauche ich einen Hund, der meine Habseligkeiten trägt. Was willst du für ihn haben?"

„Oh, ich kann dir diesen Hund nicht verkaufen", antwortete Forgets Nothing. „Es ist nicht mein Hund. Er gehört einer alten Frau namens Good Voice. Ich passe bis zu ihrer Rückkehr auf ihn auf."

„Wohin ist sie gegangen?", fragte er ungeduldig. „Vielleicht verhandelt sie mit mir."

„Das glaube ich nicht. Sie sagte mir, dass der Hund alles sei, was sie auf der Welt habe. Ich weiß nicht, wo sie hingegangen ist, und ich weiß nicht, wann sie zurückkehrt."

„Ich habe viel, was ich zum Tausch anbieten kann", beharrte der Krieger. „Ich bin ein guter Jäger und kann viele

Hirschhäute zum Tausch anbieten. Oder vielleicht willst du ja auch eine Bärenhaut, die dich im kommenden Winter warm hält?"

„Das sind alles gute Tauschobjekte", stimmte die junge Frau zu. „Aber das ist nicht mein Hund. Ich kann nicht mit dir verhandeln."

Long Walker verlor die Geduld. „Ich wette, dass die alte Frau, der der Hund gehört, gerne solche Dinge haben würde, sonst wäre sie nicht wie all die anderen alten Frauen auch. Sie wäre glücklich, wenn sie wüsste, dass du solch schöne Dinge gegen einen Hund eingetauscht hättest. Zwei gegerbte Hirschhäute und zwei Bärenhäute!", sagte der Krieger. „Das ist mehr, als dieser Hund wert ist, und mein letztes Angebot!"

Forgets Nothing mochte den Ton des Mannes nicht, doch er war ein ausgezeichneter Krieger und sie war nur eine junge Frau ohne Mann. Sie wollte nicht, dass er noch wütender wurde, als er bereits war. „Wenn es mein Hund wäre, würde ich mir dein fantastisches Angebot gründlich durch den Kopf gehen lassen", sagte sie ruhig, „doch er gehört nicht mir. Ich kann ihn nicht verkaufen."

„Mit deiner Sturheit wirst du es im Leben zu nichts bringen!", schrie Long Walker. Forgets Nothing erinnerte sich noch lange an das wütende Funkeln in seinen Augen, als er sich von ihr abwandte und davoneilte.

An jenem Abend erzählte sie ihrer Mutter von dem Krieger, der den Hund wollte. „Er ist bei allen Stämmen sehr bekannt", sagte Corn Woman. „Er hat zwei Frauen und mehr Besitz, als sie tragen können. Er ist ein Mann, der es gewohnt ist, das zu bekommen, was er will. Er könnte zurückkommen."

In jener Nacht ließ Forgets Nothing den Hund in ihrem Tipi schlafen, weil sie insgeheim fürchtete, dass der Krieger ihn wegnehmen würde. Doch sie sah den Mann nie wieder.

Einen Tag später half sie ihrer Mutter, etwas Trockenfleisch zur südlichen Lagergrenze zu bringen. Eine Familie hatte zu Ehren der geliebten Großmutter, die gestorben war, all ihren Besitz verschenkt. Jetzt halfen ihr die Menschen und versorgten sie mit Nahrung und anderen notwendigen Dingen wie Kleidung und Fellen. Wolf Eyes folgte Forgets Nothing, als ob er schon immer zu ihr gehört hätte, und sie merkte, dass sie ihn lieb gewonnen hatte. Er strahlte Ruhe und innere Stärke aus, und die Leute schauten auf ihn und nicht auf ihren verkrüppelten Fuß.

Die trauernde Familie hatte ein kleines Kind, ein acht Winter altes Mädchen. Ihr Name war In a Hurry, da sie zu früh geboren worden war. In a Hurry konnte ihre Augen nicht von dem Hund lassen. Wolf Eyes verhielt sich dem Mädchen gegenüber, das gerade seine Großmutter verloren hatte, natürlich freundlich. Die Mutter des Kindes, Leaf, fragte Forgets Nothing über den Hund aus.

„Das ist der größte Hund, den ich jemals gesehen habe", sagte sie, „doch er scheint so sanftmütig. Hast du ihn aufgezogen?"

„Nein", antwortete Forgets Nothing, „er gehört einer alten Frau. Sie hat ihn in meiner Obhut gelassen, während sie ihre Familie besucht. Sie wird bald zurückkehren."

„In a Hurry braucht einen Freund", sagte Leaf. „Sie stand ihrer Großmutter sehr nahe. Jetzt wirkt sie so verloren. Seit dem Tod unserer Mutter hat sie nicht mehr gelächelt – bis heute, als sie deinen Hund sah."

Forgets Nothing erschrak, weil sie wusste, worum Leaf sie bitten würde. „Wir werden noch eine Weile hierbleiben", bot sie an. „Und ich werde morgen wiederkommen, damit In a Hurry mit ihm spielen kann."

„Mein Mann und ich würden dir für deinen Hund gerne geben, was wir erübrigen können", sagte Leaf. „Vielleicht einen unserer Hunde. Meine Tochter hegt keinerlei Sympathie für sie."

„Wenn es mein Hund wäre, würde ich ihn deiner Tochter

gerne schenken. Ich weiß, wie es ist, die Großmutter zu verlieren. Doch ich versprach einer alten Frau namens Good Voice, dass ich auf ihn aufpassen würde. Vielleicht kannst du mit ihr reden, wenn sie wiederkommt."

Leaf war enttäuscht, aber im Gegensatz zum stolzen Krieger Long Walker blieb sie höflich. „Vielleicht werden wir euch morgen besuchen, sodass meine Tochter mit ihm spielen kann."

Und das taten sie und kamen am Nachmittag zu Besuch. Wolf Eyes ließ die freundliche Zuwendung des jungen Mädchens geduldig über sich ergehen, und es lächelte und winkte, als es Zeit war, nach Hause zu gehen. Forgets Nothing besuchte es am folgenden Tag in seiner Hütte, doch sie bemerkte den wehmütigen Blick in den Augen des Mädchens, als Wolf Eyes wieder gehen musste. Und so kam es, dass In a Hurry und Leaf an einem Tag zu Besuch kamen und Forgets Nothing am nächsten Tag den Hund zu ihrer Hütte brachte. Binnen Kurzem hatte der Hund dem kleinen Mädchen geholfen, sein Lächeln zurückzugewinnen.

Forgets Nothing begann sich Sorgen zu machen, ob der alten Frau, Good Voice, etwas zugestoßen war. Es gab jedoch keine Möglichkeit herauszufinden, wo sie war, da sie niemanden fragen konnte. Sie konnte nichts anders tun, als auf ihre Rückkehr zu warten. Währendessen wuchs ihre Zuneigung zu dem Hund.

Als sie am nächsten Morgen in aller Frühe die Asche von der Feuerstelle im Innern der Hütte nach draußen brachte, sah sie einen alten Mann bei der erkalteten Glut des Lagerfeuers vor ihrer Hütte sitzen. Forgets Nothing erkannte ihn. Es war Flying Bear, ein sehr mächtiger Medizinmann. Unter seiner mit Büffelhörnern verzierten Mütze ragte sein langes, von grauen Strähnen durchzogenes Haar heraus. Sein Gesicht wirkte wie aus Stein gemeißelt, doch seine Stimme war tief und sanft.

„Enkelin", grüßte er, „ich bin froh, dich an diesem schönen Morgen zu sehen."

„Großvater", antwortete sie, „ich bin gerade dabei, Feuer zu machen, und werde bald heißen Tee haben. Möchtest du vielleicht etwas davon?"

„Danke. Heißer Tee ist immer gut." Er legte eine Handvoll Zweige in die Nähe der Feuerstelle und wartete, während sie Luft in die Kohlen blies und trockenes Gras über sie legte. Schon bald schossen kleine Flammen in die Höhe, und sie gab die Zweige dazu.

Forgets Nothing setzte ihre Arbeit fort, als Corn Woman mit dem Hund auftauchte. Sie erkannte den Medizinmann, der am Lagerfeuer vor ihrer Hütte saß, und freute sich. Der Besuch eines solch mächtigen Medizinmannes konnte nur Gutes bedeuten. „Ich freue mich immer über einen schönen Morgen wie diesen", sagte Corn Woman. „Meine Tochter und ich fühlen uns geehrt, dich bei uns zu haben."

„Danke, Schwester", erwiderte Flying Bear. „Je älter ich werde, umso kostbarer erscheint mir ein Morgen wie dieser."

Nach einer Weile war der Tee fertig und Forgets Nothing reichte ihrem Gast eine Tasse aus Büffelhorn. Der Medizinmann trank ruhig und in kleinen Schlucken, während die Frauen das Essen zubereiteten. Sie wussten, dass er nicht ohne Grund zu ihrer Hütte gekommen war. Sie waren begierig, den Grund zu erfahren, warteten aber geduldig ab, bis er die Sprache darauf brachte.

„Ich bin gekommen, um etwas von euch zu erbitten", sagte er ihnen. „Das ist eine schöne Zusammenkunft, viele Leute sind gekommen und ich habe viele heilige Zeremonien durchgeführt. Ich muss in einigen Tagen noch eine abhalten, eine Zeremonie, die seit vier Jahren nicht mehr durchgeführt worden ist. Ich spreche von der Zeremonie der Donnerträumer."

Forgets Nothing blickte sofort zu dem Hund, da sie die

Zeremonie kannte. Ein Hund musste dafür gekocht werden. Sie sagte nichts.

„Die Donnerträumer sind bei uns sehr mächtige Männer und wichtige Krieger. Sie haben mich gebeten, ihnen bei der Zeremonie behilflich zu sein. Ich bin hier, da ein Hund ein unerlässlicher Bestandteil der Zeremonie ist, die ich durchführen muss. Doch der Hund, der im Kessel gekocht werden soll, kann kein beliebiger alter Hund aus dem Lager sein. Der Hund muss bestimmte Eigenschaften besitzen.

Ich beobachte diesen Hund. Er ist das, was ich brauche. Er ist ruhig und stark und scheint einen guten Charakter zu haben. Wie ihr wisst, muss ein Donnerträumer in das kochende Wasser fassen, um den Kopf des gekochten Hundes herauszuziehen, wonach die anderen Donnerträumer das Fleisch des Hundes essen. Der Hund, den wir töten, muss ein sehr guter Hund sein. Wenn nicht, wird die Zeremonie schwach sein und nichts Gutes hervorbringen. Deshalb bin ich gekommen, um dich um deinen Hund zu bitten. Die Donnerträumer brauchen seine Stärke für die Zeremonie. Wer ihnen einen solchen Hund zum Geschenk macht, dem wird großes Glück beschieden sein."

Forgets Nothing hatte Angst. Flying Bear war ein sehr mächtiger Mann. „Großvater", sagte sie seufzend, „das ist ein sehr guter Hund. Er ist sehr stark und hat einen guten Charakter. Doch er gehört nicht mir. Ich versprach einer alten Frau, für sie auf ihn aufzupassen. Sie besucht Verwandte und sagte mir, dass sie zurückkäme, um ihn zu holen. Wenn es mein Hund wäre, würde ich mich sehr geehrt fühlen, ihn den Donnerträumern als Geschenk zu vermachen, doch ich kann es nicht."

Flying Bear dachte über ihre Worte nach, und seine Enttäuschung war offenkundig. „Ja", sagte er, „ich sehe, wie die Dinge stehen." Er trank seinen Tee aus und nahm eine aus Büffelhorn gefertigte Kelle voller Büffelfleischsuppe von Corn

Woman entgegen. Er sagte nichts während des Essens. Forgets Nothing und ihre Mutter tauschten nervöse Blicke aus und warteten.

„Das ist die beste Suppe, die ich seit Langem gegessen habe", sagte der Medizinmann, als er die Büffelhornkelle zurückgab. Er stand auf und lächelte. „Das ist ein sehr guter Hund, und er kann sich glücklich schätzen, eine solch gute Freundin zu haben. Danke für die Gastfreundschaft." Der alte Mann drehte sich um und ging fort, ohne sich noch einmal umzublicken.

In a Hurry kam an jenem Nachmittag zu Besuch, und während sie mit dem Hund spielte, schob sich eine kleine Gestalt durch die Menschenmenge und hielt an. Es war Good Voice. Forgets Nothing war in ihrem ganzen Leben noch nie so froh gewesen, jemanden zu sehen. „Großmutter", sagte sie, „es ist sehr schön, dich zu sehen. Ich hoffe, du hattest eine gute Reise."

Die alte Frau legte ihr Bündel ab und setzte sich. „Alle Reisen sind gut", antwortete sie. „Durch jede Reise lernen wir etwas, Gutes oder Schlechtes. Es ist auch schön, dich wiederzusehen und zu wissen, dass du gut auf meinen Hund aufgepasst hast." Sie blickte auf das kleine Mädchen neben dem Hund. „Und du bist auf einer traurigen Reise, ich kann an der Asche auf deinen Wangen erkennen, dass du trauerst."

„Ja", sagte Forgets Nothing, „In a Hurry hat ihre Großmutter verloren."

Bedauern und Mitgefühl spiegelten sich im Gesicht der alten Frau. „Großmütter sind die besten Freunde, die man haben kann. Niemand kann sie ersetzen", sagte sie, griff in ihr Bündel und zog einen kleinen Fellballen heraus. Es war ein Welpe. „Manchmal können wir versuchen, neue Freunde zu finden. Diesen hier habe ich auf meinem Weg gefunden, doch ich befürchte, dass er eine junge Person braucht, die mit ihm spielen und herumrennen kann. Ich kann das nicht. Kannst du mir helfen?“, fragte sie In a Hurry. „Er braucht einen Freund wie dich.“

Das Lächeln des Mädchens war so breit wie die aufgehende Sonne, als es den Welpen in seine Arme nahm. „Wie können wir dich bezahlen?“, fragte Leaf.

Good Voice lächelte das Mädchen an. „Vergiss deine Großmutter niemals“, riet sie ihm. „Eine Bezahlung ist nicht vonnöten.“

Als das Mädchen mit ihrer Mutter und dem Welpen davonging, wich das Lächeln nicht aus ihrem Gesicht.

„Großmutter“, sagte Forgets Nothing, „es war sehr nett von dir, dass du dem Mädchen den Welpen geschenkt hast. Was für ein Glück, dass du ihn auf deiner Reise gefunden hast.“

„Das Leben hält Geschenke bereit, wenn wir wissen, wo wir zu suchen haben“, antwortete die alte Frau.

„Ich bin froh, dass du zurückgekommen bist und dass du eine gute Reise hattest“, sagte Forgets Nothing. „Dein Hund – ich habe ihn Wolf Eyes getauft – ist so groß und stark, dass einige Leute ihn haben wollten.“

„Ich weiß“, erwiderte die alte Frau. „Ich danke dir, dass du auf ihn aufgepasst hast. Hirschhäute, Bärenfelle und Glück sind sehr gute Dinge. Viele hätten den Hund dafür eingetauscht. Ein ausgezeichneter Krieger, ein untröstliches Kind und ein mächtiger heiliger Mann – sie alle brauchten den Hund unbedingt. Ich bin dir dankbar.“

„Woher weißt du das?“, fragte Forgets Nothing erstaunt.

„Wichtig ist nur, dass ich es weiß. Ich weiß auch, dass nur wenige Menschen deine Geistesstärke haben. Andere hätten den Hund für die schönen Dinge, die angeboten wurden, eingetauscht und hätten mir erzählt, dass der Hund weggelaufen wäre. Das Leben wird dich dafür belohnen.“

Sie holte ein langes hölzernes Gefäß aus ihrem Bündel und gab es Forgets Nothing. „Das ist für deinen Fuß. Reib ihn jeden Tag damit ein. Die Salbe stammt aus den Fußknöcheln von Gabelantilopen. Wie jeder weiß, sind sie die schnellsten Läufer des Tieflands. Ihre Knöchel sind dünn, aber sehr, sehr stark."

Good Voice verbrachte die Nacht in der Hütte von Forgets Nothing und Corn Woman. Als Forgets Nothing im Morgengrauen erwachte und das Bett der alten Frau leer vorfand, war sie nicht erstaunt. Auch der Hund war verschwunden. Sie verbrachte den Tag mit der Erfüllung häuslicher Pflichten und einem Gefühl der Leere. Am Abend rieb sie ihren Fußknöchel mit der Salbe ein, bevor sie zu Bett ging.

Weitere triste Tage zogen ins Land. Sie vermisste den Hund und seinen neugierigen Blick, aber sie vermisste auch die alte Frau, besonders als sie bemerkte, dass ihr Knöchel nicht mehr so steif war.

Eines Abends brach Forgets Nothing auf, um beim Tanz zuzuschauen. Sie stand am Rand des Tanzkreises und beneidete all jene, die tanzen konnten. Sie hielt sich im Schatten auf, da sie nicht wollte, dass die Leute sie hinken sahen. Sie wurde von einem Gefühl der Einsamkeit wie von einem plötzlichen Regenschauer überrascht, als sie einige Pärchen beobachtete, die dicht aneinandergeschmiegt und Hand in Hand den Schlangentanz tanzten. Die Trommeln klangen wie ein Herzschlag, wie der sanfte Rhythmus des Lebens selbst. Forgets Nothing beobachtete die Pärchen, die beim Tanz nur Augen füreinander hatten, und fühlte sich von dem Geschehen und dem Rhythmus ausgeschlossen.

„Großmutter", sagte sie und sprach im Gedanken mit Good Voice, „vielleicht hätte ich dich fragen sollen, ob du einen Ehemann für mich in deinem Bündel hast." Dann wandte sie sich vom Tanz ab und ging langsam zurück zu ihrem Wigwam.

Am nächsten Morgen saß sie draußen am Lagerfeuer vor ihrer Hütte, als eine Gestalt vor ihr anhielt und die niedrigen Strahlen der Sonne abfing. „Ich bin gerade erst angekommen", sagte eine dunkle tiefe Stimme. „Ich werde dir mit Freude all dieses Fleisch geben, wenn du mir nur eine einzige Mahlzeit kochen würdest."

Forgets Nothing hielt ihre Hand schützend vor die Sonne und betrachtete den Fremden. Er war groß und hatte neugierige Augen. Seine Schultern waren breit, und auf seinen Schleppstangen lag ein frisch getöteter Hirsch.

„Wenn du mir das Fleisch entkeulst, werde ich es für dich kochen", antwortete sie.

Der Mann machte sich an die Arbeit. Forgets Nothing konnte sehen, dass er nicht sehr viel älter als sie war und ein starkes, schönes Gesicht hatte. Sie entzündete das Feuer, als Corn Woman aus der Hütte trat.

„Mutter", sagte sie, „wir haben frisches Fleisch. Dieser junge Mann war so nett, es mitzubringen."

Der junge Mann erhob sich, um Corn Woman zu begrüßen, und Forgets Nothing rang nach Luft, als sie ein kleines, um seinen Hals geschlungenes Bündel entdeckte, dessen Ränder blau verziert waren.

Forgets Nothing kümmerte sich gewissenhaft um das Essen, und schon bald machte sich der Geruch von geröstetem Fleisch breit. Der junge Mann zerteilte das restliche Fleisch und legte die Stücke auf den Rost neben der Hütte. Ab und zu warf Forgets Nothing einen Blick auf das Bündel um seinen Hals. Es sah aus wie das Bündel, das der Hund der alten Frau um den Hals getragen hatte.

„Ich werde zum Fluss gehen und mich waschen", sagte der junge Mann.

„Bei deiner Rückkehr wird das Fleisch fertig sein", erwiderte Forgets Nothing. Sie bemerkte, dass er beim Gehen leicht humpelte.

„Er hat noch keine Frau", stellte Corn Woman fest. Forgets Nothing erwiderte nichts, aber ihr Herz schlug heftig.

Er kam schon bald zurück und ein Fleischspieß wartete auf ihn. Er setzte sich hin und wartete höflich.

„Bist du verletzt?", fragte Forgets Nothing. „Du humpelst ein bisschen."

„Das ist nichts, nur ein Dorn, der sich durch meine Schuhsohle gebohrt hatte", antwortete er. „Jemand hat ihn für mich entfernt."

„Kommst du von weit her?"

„Ja", sagte er, „ich bin seit vielen Tagen unterwegs. Ich war noch nie in diesem Teil des Landes, deshalb habe ich mich verirrt."

„Wohin gehst du?"

„Wo auch immer das Leben mich hinverschlägt", antwortete er lächelnd. „Du hast viele Fragen."

„Ja", sagte Forgets Nothing, „und ich habe noch eine. Welches ist dein Volk und wie heißt du?"

Er lächelte erneut. „Ich glaube, ich stamme vom Volk der White Wolf ab. Meine Eltern wurden getötet, als ich noch sehr jung war, und so nahmen mich meine Tanten und verschiedene Großmütter bei sich auf und zogen mich groß. Ich habe einen Namen, aber ich weiß nicht, wie ich zu ihm gekommen bin. Mein Name ist Wolf Eyes. Und wie heißt du?"

Auf Großmutters Spuren

In jeder indianischen Kultur, also auch bei uns Lakota, verkörpert die Großmutter alle Tugenden, die wir lernen und praktizieren wollen. Die Tugend, die sie am besten verkörpert, ist die innere Stärke. In den 1970er Jahren saß ich bei einem Powwow hinter meiner Großmutter väterlicherseits und meiner anderen Großmutter, Nancy White Horse. Ich lauschte gebannt ihrem Gespräch über Enkel und ihren Geschichten über Leute, die seit der letzten Versammlung das Zeitliche gesegnet hatten. Großmutter Nancy bemerkte, dass ich zuhörte, und winkte mich zu sich. Aus einem Grund, den ich damals nicht verstehen konnte, sagte sie: „Wenn du es im Leben weit bringen willst, musst du auf Großmutters Spuren wandeln."

Großmutters Spur ist die innere Stärke. Heute weiß ich, dass jener Augenblick mit meinen beiden Großmüttern auf dem Powwow nicht möglich gewesen wäre, wenn wir Lakota nicht den Spuren der Großmutter gefolgt wären.

Der Untergang des Bisons – *Tatanka* – und das unaufhaltsame Vordringen der Euro-Amerikaner waren die beiden Hauptgründe dafür, dass unser freies Leben als frei umherziehende nomadische Jäger ein Ende fand. So verschwand ein Lebensstil, der Hunderte, wenn nicht gar Tausende von Jahren überdauert hatte, fast über Nacht. Wir wurden in Reservate gesperrt, in denen wir nicht nur mit den geografischen Einschränkungen fertig werden mussten, sondern auch gegen die intensiven Bemühungen, unsere Kultur zu vernichten, kämpfen mussten. Wir sollten Bauern werden – die „Tugend der harten Arbeit" erlernen und „produktive Bürger" werden. Unsere spirituellen Überzeugungen wurden lächerlich gemacht und verunglimpft.

Die neue Lebensform war für uns nicht leicht zu akzeptieren. Auch wenn einige von uns sich bemühten und änderten, waren die meisten von Widerwillen erfüllt. Da wir keinen militärischen Widerstand zu leisten vermochten, mussten wir uns äußerlich anpassen und das Beste aus der Situation machen. Wir mussten einen Weg des Widerstands finden, der keine Repressionen nach sich zog. Den einzigen Weg gaben Großmutters Spuren vor.

In unserer Tradition waren Frauen der Mittelpunkt der Familie, sie waren Tröster und Erzieher und Mittelpunkt des Familienlebens. Diese Rolle hat sich nicht geändert, sie hat sogar noch an Bedeutung gewonnen. Die Frauen haben jedoch nicht die Rolle des Mannes als Familienoberhaupt übernommen, denn sie waren zu weise, um dem Mann die einzige Verantwortung zu rauben, die ihm geblieben war. In einer der schwierigsten Perioden der Lakota-Geschichte hatten Frauen ihre alte gesellschaftliche Funktion erfüllt und ihre Kultur gerettet. Sie hielten ihre Familien zusammen, trotz des traurigen Umstands, dass die Kinder in Internate gesteckt worden waren. Eine Frau, die als ganz junges Mädchen in ein Missionarsinternat geschickt worden war, erzählte mir, wie sie sich bei ihrer Mutter beklagt hatte, dass niemand die Sprache der Lakota sprechen durfte. Die Oberinnen der Schlafsäle hatten ein gutes Gehör und bestraften jedes Kind, das die Regeln verletzte, auf der Stelle hart. Ihre Mutter gab ihr einen einfachen Ratschlag, der den stillen Widerstand gut illustriert. „Flüstere", meinte sie.

Die Tatsache, dass unsere Kultur immer noch Bestand hat, beruht auf der inneren Stärke unserer Großeltern und Urgroßeltern. Anstatt offen Widerstand zu leisten, folgten sie ruhig, aber hartnäckig ihren Traditionen. Sie bedienten sich der letzten ihnen zur Verfügung stehenden Waffe, um das Wesentliche der Lakota-Kultur zu bewahren: der inneren Stärke. Zwei Generationen sind auf Großmutters Spuren gewandelt. Am Ende werden uns die traumatischen Umwälzungen in der Lebensweise und die Verluste der letzten 150 Jahre lediglich als Schlaglöcher auf dem Weg in Erinnerung bleiben.

Innere Stärke ist eine stille Kraft, die offenkundig eng mit Tapferkeit und Ausdauer verwandt ist. Neben Tapferkeit, Großzügigkeit und Weisheit zählt sie zu den vier größten Tugenden. Der richtige Name von Großmutter Nancy White Horse war Grandmother's Road und er erinnert mich an den besonders harten Winter 1951/52. Meine Großeltern mütterlicherseits und ich wohnten in einer Blockhütte drei Meilen von der Landstraße und sieben Meilen vom nächsten Ort entfernt. Es tobten mindestens zwei schwere Schneestürme, die jeweils zwei oder drei Tage anhielten. Einer von ihnen war besonders schlimm. Das düstere Heulen des Windes verstärkte meine Angst noch. Ich bin mir sicher, dass den Großeltern meine Furcht nicht verborgen blieb. Wenn einer von ihnen Angst hatte, konnte man ihnen das nicht anmerken. Sie gingen ihren alltäglichen Verrichtungen ohne einen Kommentar über die Kälte, den Wind oder den sich draußen auftürmenden Schnee nach. Ich erinnere mich genau daran, wie meine Großmutter Nancy eine Ledertasche mit Perlen besetzte. Genauer gesagt, ich musste die Perlen für sie auffädeln, während sie mir Geschichten aus der Kindheit meiner Mutter und meines Onkels erzählte. Ihre ruhige Stimme und Haltung gaben mir Kraft und ließen den Sturm bedeutungslos erscheinen.

Ein paar Jahre später lief ich mit meinem Großvater ein Flussbett entlang, als plötzlich ein starker Wind aufkam. Er zeigte auf ein Wäldchen von Sandbankweiden am Flussufer und wir schauten zu, wie sich die Bäume im Wind neigten. Nicht weit von uns ertönte ein lautes Krachen, als eine Eiche einen Ast verlor. Sandbankweiden sind dünn und keine zwei Meter hoch. Sie wachsen in dichten Gruppen an Bach- und Flussufern. Wir beobachteten, wie sie sich im Wind neigten und durch die Böen Blätter verloren, aber keine von ihnen brach. Die sehr viel stärker wirkende Eiche widerstand dem Wind weniger gut. Innere Stärke ähnelt der Sandbankweide. Um diese Stärke zu haben, müssen wir lernen, uns mit dem Wind zu neigen.

Das Wettrennen der Tiere

Vor langer Zeit kamen die Tiere zu einer großen Ratsversammlung zusammen. Es hatte Streit gegeben: Jedes der großen Tiere rühmte sich, das beste zu sein. Der Bison warb mit seiner enormen Kraft. Die Antilope prahlte mit ihrer hohen Geschwindigkeit, der Habicht und der Falke taten es ihr gleich. Da er sich keine Blöße geben wollte, verkündete der Hirsch, dass er der Schnellste sei. Der Wolf, der Fuchs und der Kojote bestanden darauf, ebenfalls gute Chancen zu haben. Da jedes der Tiere überzeugt war, am besten zu sein, war es natürlich unmöglich, dass alle recht hatten.

Daher beschlossen die Tiere, dass die Frage nur durch ein Wettrennen ein für alle Mal geklärt werden konnte. Jede Tierart sollte den Besten für das Rennen auswählen, bei dem vier Runden um die *Paha Sapa*, die Schwarzen Hügel, zu laufen sein würden. Jede Art schickte ihren Star und bald war die Prärie um die Schwarzen Hügel mit den Tieren bevölkert. Wirklich jede Tierart der Prärie hatte einen Vertreter entsandt, vom Bison bis zur Maus – je ein Exemplar jeder vierbeinigen, geflügelten und kriechenden Art. Der Anblick war ziemlich beeindruckend.

Die Läufer versammelten sich im Morgengrauen, und als die Sonne über dem östlichen Horizont aufging, rannten sie los. Wie zu erwarten war, ließ die Antilope alle hinter sich, dicht gefolgt vom Falken und vom Habicht. Bald hinter der Spitze kamen der Bison, der Hirsch, der Bär und der Puma. Ein Lärm wie ein Donner erhob sich im Rennverlauf über die Berge und eine große Staubwolke folgte den Läufern. Sie rannten immer weiter, eine große Menge bewegter Lebewesen, die rannten, flogen und krochen, so schnell sie konnten. Nach der ersten Umrundung der Schwarzen Hügel waren diejenigen, die besonders schnell gestartet waren, zurückgefallen. Jetzt war der Wolf an der Spitze, gefolgt vom Puma, dem Fuchs, dem Hasen, der Schwalbe und der Eule. Und alle anderen lagen nicht weit zurück.

Bei der zweiten Runde begannen viele Tiere zu straucheln, und alle schwitzten furchtbar. Zu Beginn der dritten Runde um die Berge lag der Wolf immer noch in Führung und der Bison, die Antilope und der Hirsch waren sehr weit zurückgefallen, aber immer noch entschlossen zu gewinnen. Zu diesem Zeitpunkt glaubte noch kein Tier, verlieren zu können. Dann geschah etwas Merkwürdiges. Einige von ihnen begannen Blut zu schwitzen, aber sie rannten, flogen und krochen weiter.

Am Anfang der letzten Runde war der Wolf immer noch an der Spitze, aber jetzt wurde er von einem Schwarm Vögel verfolgt, darunter die Schwalbe, die Eule, eine Wiesenlerche und eine Elster. Das Hauptfeld war zurückgefallen, viele Tiere konnten sich kaum noch bewegen. Alle waren so bemüht, dass sie Blut schwitzten. Vor dem Ziel blickte sich der Wolf um und sah niemanden mehr, aber über sich hörte er ein eigenartiges Flattern. Hier war die Elster.

Die Elster ist nicht die anmutigste Fliegerin. Sie ist sogar der einzige Vogel, der in der Luft ungeschickt aussieht. Aber hier war sie und flatterte dem Ziel entgegen. Der Wolf wurde schwach – sogar seine große Ausdauer ließ nach. Ganz langsam überholte ihn die schwarz-weiße Elster und entschied das Rennen für sich. Niemand hätte im Traum daran gedacht, dass dieser unbeholfene Vogel eine Chance haben würde.

Bis heute bleibt jedes Tier stehen und schaut nach oben, wenn eine Elster vorüberflattert, um ihren Sieg zu würdigen. Und bis heute ist die Erde um die Schwarzen Hügel vom Blut der Läufer rot gefärbt.

Großmutters Spuren sind nicht schwer zu finden. Sie sind mit allen Wegen des Lebens verbunden, vielleicht weil der Sieg nicht immer dem Stärksten oder Schnellsten zuteil wird. Wer Großmutters Spuren folgt, wird herausfinden, dass Ungeduld und Verzweiflung zu nichts führen, weil man dadurch nicht unbedingt schneller vorankommt. Großmutters Spuren führen jedoch häufiger zum Sieg als jeder andere Weg.

11. GROSSZÜGIGKEIT

Canteyuke (tschan-te-ju-keh) – Geben, teilen, ein Herz haben

Die Geschichte von Brings the Deer

Manchmal vergessen wir Menschen nur allzu leicht, dass wir die Welt, auf der wir leben, mit vielen anderen Lebewesen teilen. Wir Zweibeiner glauben, dass wir die mächtigsten Lebewesen dieser Erde sind. Wir scheinen nicht zu verstehen, dass die aus zahlenmäßiger Überlegenheit entspringende Macht nicht mit der aus Weisheit oder Güte erwachsenen Macht identisch ist.

Es heißt, dass unser Volk vor sehr langer Zeit im kalten Norden lebte. Niemand weiß, wie lange die Menschen dort gelebt haben, doch sie waren gezwungen, sich nach einem neuen Lebensraum umzuschauen, nachdem einige Winter sie an den Rand des Hungertods gebracht hatten.

In einem besonders harten Winter lag der Schnee sehr hoch, und der Hirsch mit den krummen Hörnern, das Karibu, das ihre Nahrungsgrundlage bildete, schien ihre Lande verlassen zu haben. Die wenigen Karibus, die sie noch vorfanden, waren alt und krank und ihr Fleisch war zäh und sehnig. Schließlich bemerkten die Menschen, dass auch die Wölfe verschwunden waren, und sie wussten, dass sie höchstwahrscheinlich an einen andern Ort gezogen waren, wo es jede Menge Wild gab. Das Fleisch der alten und kranken Karibus musste in sehr knappen Rationen verteilt werden, und viele alte Menschen starben, weil sie ihre Ration den ganz Jungen gaben.

Der Ältestenrat beriet sich und sprach wieder und wieder über die Notlage, die sie heimgesucht hatte. Sie kamen zu dem Schluss, dass es das Beste wäre, es den Wölfen gleichzutun. Es war an der Zeit, sich einen neuen Lebensraum zu suchen. Wenn die Karibus zurückkommen sollten, könnten sie ja mit ihnen zurückkehren.

Im Frühling, als der Schnee langsam zu schmelzen begann, trafen die Überlebenden die notwendigen Vorbereitungen und machten sich in Richtung Süden auf. Sie hatten gehört, dass es im Süden viele Wälder gäbe und vielleicht auch Wild.

Sie waren tagein, tagaus, viele Tage lang unterwegs und schon bald war der Vorrat, den sie mitgenommen hatten, aufgebraucht. Die Jäger mussten all ihr Können aufbieten, um genügend Kaninchen und Eichhörnchen zu finden und alle ernähren zu können. Ein plötzlicher Frühjahrsschneesturm kam auf, doch es gelang ihnen, ihre kleinen Wigwams im Schutz eines Waldes aufzuschlagen und sich vor dem eisigen Atem des Nordwindes und dem umherwirbelnden Schnee zu schützen. Der Schneesturm heulte tagelang und man konnte nichts tun, als sich im Innern des Wigwams zusammenzukauern und abzuwarten. Schließlich brach ein ruhiger und sehr kalter Tag an. Als die Menschen aus ihren kleinen Wigwams krochen, stellten sie fest, dass eine neue Schneedecke das Land vom einen Horizont zum anderen überzogen hatte. Es herrschte eine große Stille, die den Eindruck vermittelte, als seien sie die einzigen Lebewesen auf dieser Erde.

Die alten Männer wiesen die anderen an, Holz zu sammeln und Feuer zu machen, während sie sich zur Beratung zurückzogen. Natürlich war es wichtig, sich warm zu halten, und die Menschen wussten, wie man sich im Winter warm hält. Größere Sorge bereiteten die leeren Lebensmittelbehälter. Ohne Erfolg auf der Jagd würden sie verhungern. Die alten Männer schmiedeten einen Plan.

Alle Männer wurden in den Wald geschickt, um so viele Kaninchen und Eichhörnchen aufzutreiben, wie sie nur konnten. Es gelang ihnen, Fleisch für mehrere Tage zu beschaffen. Dann enthüllten die alten Männer ihren Plan. Zwei ihrer besten Jäger sollten tief in den Wald geschickt werden, um Wild aufzuspüren. Das ganze Kaninchen- und Eichhörnchenfleisch wurde getrocknet und für sie zubereitet. In jener Nacht pflegten die zwei Jäger, die ausgewählt worden waren, ihre Waffen und bereiteten sich auf ihre Reise vor.

Bei Anbruch des neuen Tages schnallten sich die zwei Jäger Schneeschuhe um und gingen in Richtung Wald. Dieses Land war ihnen nicht vertraut, im Unterschied zu ihrer alten Heimat kannten sie die Gegend nicht. Sie sahen sich oft um, damit sie den Weg zu ihren Leuten wiederfinden würden.

Der Wald war dicht und dunkel, doch viele der Bäume waren ihnen bekannt, beispielsweise die *Wazi*, eine Kiefer, die dick und groß wurde. Bislang hatten sie bis auf Kaninchen und Eichhörnchen noch keine Tiere gesehen und auch keine Spuren entdeckt. Sie fragten sich, welche Tiere sie in dem neuen Land wohl sehen würden. Das Tier, dem sie auf keinen Fall begegnen wollten, war der Eisbär, der stärkste und wildeste aller Vierbeiner. Es bedurfte vieler Jäger mit langen Lanzen, um einen Eisbären zu töten.

Sie aßen von ihrem Trockenfleisch immer nur wenig, und wenn ein Eichhörnchen oder ein Kaninchen in Schussnähe kam, tötete einer von ihnen es mit dem Pfeil, damit sie ein bisschen Frischfleisch hatten. Wenn sie danebenschössen, wäre ihr Pfeil im tiefen Schnee verloren gewesen. Sie durften keine Pfeile verschwenden. Ein verlorener Pfeil bedeutete eine Chance weniger. Sie achteten auf solche Dinge, weil sie wussten, dass die Hoffnungen ihres Volkes auf ihnen ruhten, und sie waren entschlossen, erfolgreich zu sein. Und so beteten sie jeden Morgen um Kraft, Geschick und Mut. Und jeden Tag kämpften sie gegen die Kälte und ihre Unsicherheit an, während sie immer tiefer in den fremden Wald vordrangen.

Nachdem sie viele Tage gewandert waren, entdeckten sie Spuren, die Wildspuren ähnelten, aber sehr klein waren. Der große Hirsch mit den krummen Hörnern hatte große, breite gespaltene Hufe. Die Spuren, die sie gefunden hatten, waren die von kleinen gespaltenen Hufen. Dennoch schöpften sie Hoffnung und folgten ihnen.

Der tagelange Marsch hatte sie geschwächt, und obwohl sie sehr vorsichtig mit ihren Nahrungsvorräten umgegangen waren, neigten diese sich fast dem Ende. Als sie eines Morgens erwachten, schlug ihnen ein kalter Wind entgegen, der das Feuermachen erschwerte. Noch schlimmer war jedoch, dass er die Spuren, denen sie gefolgt waren, verwehte. Es blieb ihnen nichts anderes übrig, als abzuwarten, bis der Wind sich gelegt hatte. Am nächsten Morgen war es zwar immer noch kalt, aber klar und ruhig, und so machten sie sich erneut auf den Weg. Um bei Kräften zu bleiben und um der Kälte und dem tiefen Schnee trotzen zu können, mussten sie etwas essen, und wenn sie nicht bald frisches Fleisch fänden, würden sie nicht genügend Kraft haben, die Jagd fortzusetzen.

Am nächsten Tag entdeckten sie keine Spuren mehr, und der Wald war merkwürdig still. In jener Nacht ruhten sie sich aus, wärmten sich am Feuer und besprachen, was zu tun sei.

„Unsere Verwandten warten und sind hungrig", sagte Sees the Bear. „Wir müssen durchhalten."

„Ja", stimmte Left Hand zu, „doch wir sollten zu der Wiese zurückkehren, auf der wir die Spuren gesehen haben. Wir müssen so lange auf die Jagd gehen, bis wir etwas gefunden haben oder bis wir keine Kraft mehr zum Laufen haben."

Am folgenden Tag fanden sie die Wiese und ein paar Spuren, die nicht vom Schnee bedeckt worden waren. Doch das Laufen im Tiefschnee hatte sie ausgelaugt, und was der Schnee ihnen nicht an Kraft genommen hatte, verlangte ihnen die Kälte ab. Sie schlugen ihre Lager auf und verzehrten ihren letzten Essensrest.

Als die Sonne am nächsten Tag unterging, blieb ihnen nichts weiter als das Feuer, um die Kälte zu vertreiben, doch auch das Feuer schaffte es kaum. Am nächsten Tag war es nicht anders. Sie hatten keine Tierspuren entdeckt, und mit jedem Tag, der verging, fühlten sie, wie ihnen die Kräfte ein bisschen mehr schwanden. Später strauchelten sie oft, und schon bald konnten sie nicht mehr länger laufen, ohne zwischendurch Pausen einzulegen.

Am Nachmittag war es ihnen gelungen, während ihrer Pause ein Feuer zu machen. Left Hand war in eine verschneite Schlucht gefallen, und es hatte Sees the Bears ganze Kraft gekostet, ihm herauszuhelfen. Beide Jäger zitterten, während sie traurig in die Flammen starrten. Plötzlich krachte etwas durch die Bäume und eine Gestalt stürzte hinter ihnen in genau jene Schlucht. Es war ein Hirsch, eine Art, die sie noch nie gesehen hatten, mit grauem Fell und großem Gabelgeweih. Er fiel auf seinen Rücken in die Schlucht und kämpfte heftig, um wieder auf die Beine zu kommen.

Die Jäger trauten ihren Augen nicht. „Deinen Bogen!", schrie Sees the Bear. „Wir müssen ihn rasch erschießen!"

Sie bewegten sich so schnell, wie sie konnten, doch ihre Finger waren von der Kälte ganz taub geworden und sie hatten Schwierigkeiten, ihren Bogen zu spannen. Der große graue Hirsch war wieder auf den Beinen und schon fast aus der Schlucht, als es ihnen gelang zu schießen. Zwei Pfeile trafen direkt ins Ziel, und der Hirsch war tödlich getroffen. Mit einem letzen großen Satz sprang er über den Rand der Schlucht und sackte tot zu Boden.

In jener Nacht labten sich die Jäger am Herzen des Hirschs, und ihre Stärke kehrte zurück. Am nächsten Tag fertigten sie Schleppstangen an, um den Hirsch an ihnen zu befestigen und ihn durch den Schnee zu ziehen. Es war ein sehr großer Hirsch mit kleinen, gespaltenen Hufen und jeder Menge Fleisch, das sie den Wartenden bringen würden.

Vom Erfolg beflügelt traten sie den Heimweg an. Nachts bewachten sie abwechselnd den Hirsch, da sie nicht wussten, welche Gefahren lauerten. Am zweiten Tag ihres Heimwegs meinte Sees the Bear zu träumen. Als er in seine Decke gehüllt am Feuer saß, erschien ihm im Feuerschein ein dünner Kojote.

„Es ist ein sehr harter Winter gewesen", sagte der Kojote, „und meine Familie ist hungrig. Wenn du ein gütiges Wesen bist, wirst du uns etwas von deinem Hirschfleisch abgeben. Wir bräuchten nur ein bisschen, um über die Runden zu kommen."

Sees the Bear rieb sich die Augen, doch der Kojote war immer noch da und saß direkt am Rande des Feuers. Er weckte Left Hand. „Ich glaube, ich habe einen merkwürdigen Traum. Schau nach und sag mir, was du siehst", sagte er.

Left Hand sah sich um und erblickte den Kojoten. „Einen Kojoten", sagte er. „Ich habe noch nie einen Kojoten so nah beim Feuer gesehen."

„Ihr seid großartige Jäger, und ich weiß, dass ihr ein gutes Herz habt", sagte der Kojote. Left Hand war verwundert. „Ich bin eine alte Frau und habe ein langes Leben gehabt, doch ich bitte euch um meiner Familie willen", sagte sie.

Left Hand lachte. „Wir haben denselben merkwürdigen Traum, da ich einen Kojoten hörte, der mich um unser Fleisch bat."

„Es ist kein Traum", erkannte Sees the Bear. „Sieh nur wie dünn und alt sie ist."

„Wir können ihr nicht helfen", schnaubte Left Hand. „Wir müssen dieses Fleisch unseren Verwandten bringen. Sie haben auch Hunger!"

„Wir können sie und ihre Familie nicht verhungern lassen", sagte Sees the Bear. „Die Geister waren uns gnädig, indem sie uns diesen großen Hirsch sandten. Wir können ein bisschen davon abgeben." Mit diesen Worten schnitt er einen Streifen vom Hinterbein des Hirschs ab und warf ihn dem Kojoten zu.

„Hört heute Abend gut zu, denn meine Familie und ich werden euch aus Dankbarkeit ein Lied vortragen", sagte die Kojotin, während sie das Fleisch nahm und in der Dunkelheit verschwand.

„Das war töricht von dir", sagte Left Hand.

Zwei Tage später, als die Jäger mittags Rast machten, ließ sich eine Gruppe Elstern auf den Zweigen nieder und umringte die Jäger. „Wir sind hungrig", sagte eine von ihnen.

„Es ist Winter!", antwortete Left Hand ärgerlich. „Der Winter ist eine Zeit des Hungers! Unsere Leute warten auf dieses Fleisch, das wir erlegt haben. Auch sie sind sehr hungrig!"

„Die Wölfe haben die Innereien des Hirschs gefressen, die ihr liegen gelassen habt", sagte der Anführer der Elstern. „Sie haben uns etwas übrig gelassen, aber es war nur sehr wenig. Wir sind hungrig!"

Bevor Left Hand ihn aufhalten konnte, schnitt Sees the Bear einige Fleischstreifen ab und warf sie den Elstern hin. Mit lautem Krächzen schossen sie aus den Bäumen und nahmen das Fleisch. „Ihr seid gütig", sagte der Chef der Elstern. „Wir werden es euch vergelten. Wenn ihr uns in Zukunft weder seht noch hört, wird dies ein Zeichen dafür sein, dass harte Zeiten kommen. Und wenn Zeiten des Überflusses bevorstehen, werden wir kommen und sie ankünden." Dann verschwanden die Elstern so rasch, wie sie gekommen waren.

„Das war töricht von dir", sagte Left Hand.

Jeden Tag wanderten sie, so weit sie nur konnten, und bei Sonnenuntergang schlugen sie ihr Lager auf und wanderten am nächsten Tag bei Tagesanbruch weiter. Es war alles andere als einfach, den Hirsch auf den Schleppstangen durch den tiefen Schnee zu ziehen, doch ihnen war bewusst, dass ihre

Angehörigen auf sie warteten. Und wer wusste, ob sie irgendetwas zum Essen gefunden hatten, während die Jäger weg waren?

Als sie kurz Rast machten, kam eine graue schemenhafte Gestalt durch die Bäume auf sie zu. Es war ein großer Wolf, der schwer verletzt war. Die Jäger waren auf der Hut. Sie hatten noch nie einen Wolf aus dieser Nähe gesehen.

„Wenn du hier bist, um uns um Essen zu bitten: Wir können nichts mehr abgeben!“, schrie Left Hand.

„Es macht mich traurig, das zu hören“, sagte der Wolf. „Wie ihr sehen könnt, habe ich meinen Pfote verletzt, und obwohl es mir gelungen ist, Wild aufzuspüren, kann ich es nicht jagen. Meine Frau hat Kinder bekommen, und ich muss ihr Fleisch bringen, damit sie die Jungen säugen kann.“

„Unsere Geschichte ist auch traurig“, antwortete Left Hand. „Unser Volk ist am Verhungern, es hat seit vielen Tagen nichts gegessen.“

„Ja“, sagte der Wolf, „der Winter war für uns alle hart, und ich dachte, dass ihr vielleicht etwas Güte in eurem Herzen tragt.“

„Hier“, sagte Sees the Bear. „Wir haben gerade noch genug, um zu teilen.“ Trotz der Proteste von Left Hand schnitt er einige Fleischstücke ab und warf sie dem Wolf hin.

„Ich bin dankbar“, sagte der Wolf. „Als Dank für deine Güte sollst du meine Fähigkeiten als Jäger erhalten.“

Left Hand war wütend. „Siehst du, was du getan hast?“, schrie er. „Du hast den größten Teil unseres Fleisches verschenkt. Was sollen wir unseren Leuten sagen? Sie haben uns ausgesucht, weil wir die besten Jäger sind. Wir haben Glück, dass dieser Hirsch in eine verschneite Schlucht fiel. Wenn das nicht passiert wäre, würden wir jetzt irgendwo erfrieren. Trotzdem hast du jedem daherkommenden Bettler Fleisch gegeben!“

„Ich werde ihnen die Wahrheit sagen“, antwortete Sees the

Bear. „Die Alten haben uns gelehrt, dass es gut ist, zu teilen. Ist das nicht die Wahrheit?“

„Es reicht!“, schrie Left Hand. „Es ist jetzt kaum noch etwas übrig, um unsere Leute zu versorgen.“

Danach gingen sie schweigend weiter, während Left Hand weiterhin vor Wut kochte. Sie schlugen ihr Lager im Schutz eines ehemaligen Flussbettes auf. „Ich glaube, wir sind nur noch eine Tagesreise von unseren Wigwams entfernt“, sagte Sees the Bear.

Left Hand sammelte Feuerholz und schwieg weiterhin.

In jener Nacht kam ein Fuchs, während Sees the Bear Wache hielt und Left Hand schlief. „Ich habe noch nie so einen harten Winter erlebt“, sagte der Fuchs. „Der Schnee liegt so hoch, dass ich mit meinen kleinen Beinen Schwierigkeiten habe. Der Hase kann auf dem Schnee laufen, aber ich sinke ein. Ich wollte wissen, ob du die Güte hättest, mir etwas von deinem Fleisch zu geben.“

Sees the Bear warf einen Blick auf Left Hand, der unter seiner Decke tief schlief, und erinnerte sich an die Wut des jungen Mannes. „Ja“, flüsterte er dem Fuchs zu, „ich glaube, es ist noch genug da, um zu teilen“. Darauf schnitt er einige fleischige Rippen ab und gab sie dem Fuchs.

„Ich bin dankbar“, sagte der Fuchs. „Meinesgleichen versteht sich gut darauf, sich zu verstecken. Für deine Güte soll diese Fähigkeit die deine sein.“

Am nächsten Morgen sah Left Hand natürlich, dass noch mehr Hirschfleisch fehlte, und seine Wut brach aus ihm heraus wie ein aufgescheuchtes Präriehuhn. „Ich kann nicht mehr mit dir zusammen reisen!“, sagte er. „Du hast das meiste Fleisch verschenkt! Was werden wir unseren Leuten geben?“

„Es ist noch genug da“, erwiderte Sees the Bear.

„Es ist nicht genug für uns alle da!“, schrie Left Hand. „Ich werde alleine und vor dir zu unsern Wigwams zurückkehren. Ich muss unseren Ältesten erzählen, was du getan hast! Sieh zu, dass du nicht noch mehr von unserem Essen verschenkst! Ich werde einige junge Männer mitbringen, um beim Tragen der Reste zu helfen."

Left Hand hielt Wort und zog wütend los. Sees the Bear musste sich nun alleine mit dem Hirsch abmühen. Auf dem Eis der zugefrorenen Flüsse kam er zwar voran, doch er konnte den Hirsch nur mit Mühe alleine ziehen. In seiner ersten einsamen Nacht war er so erschöpft, dass er kein Feuer machte, sondern nur eine Schneehöhle baute und schlief.

Als er am nächsten Tag aufbrach, stieß er auf einen Falken mit gebrochenem Flügel.

„Was ist mit dir passiert?", fragte Sees the Bear.

Der Falke blinzelte mit seinen großen gelben Augen. „Ich habe mit einem Puma gekämpft. Er griff mich an, nachdem ich ein Kaninchen gefangen hatte. Jetzt kann ich nicht mehr fliegen, bis mein Flügel wieder stark ist. Ich habe seit vielen Tagen nichts gegessen."

Sees the Bear gab dem Falken einen Fleischbrocken. Er hängte ihn an einen Baum, sodass der Falke vor anderen Jägern sicher sein würde.

„Ich bin dir sehr dankbar", sagte der Falke. „Ich habe euresgleichen hier noch nicht gesehen."

„Wir kommen aus dem Norden", sagte Sees the Bear. „Die Winter waren sehr hart, und der große Hirsch mit den krummen Hörnern zog weg. Um nicht zu verhungern, mussten wir ebenfalls fortziehen. Nachdem wir viele Tage lang unterwegs waren, kamen wir zu einem Wald und schlugen dort unsere Zelte auf. Da wir kein Essen mehr hatten, schickten unsere Leute zwei von uns auf die Jagd. Wir jagten so lange, bis uns das Essen ausging, und dann haben wir diesen Hirsch erlegt. Er war im Tiefschnee gefangen."

„Folgt diesem Wald, bis ihr zu einer Seenlandschaft kommt", riet der Falke. „Die Jagdgründe sind dort sehr gut. In den Wäldern gibt es jede Menge kleine und große Wildtiere. Und wenn der Schnee schmilzt, könntet ihr in den Seen fischen."

„Danke", sagte Sees the Bear. „Mein Volk wird glücklich über diese Nachricht sein."

An jenem Nachmittag erreichte er das Lager seines Volkes. Er versteckte das, was von dem Hirsch übrig geblieben war, in einem hohlen Baumstamm und betrat das Lager. Die alten Männer, die Anführer seines Volkes, erwarteten ihn bereits. „Left Hand hat uns erzählt, was passiert ist", sagten sie ihm. „Jetzt ist es an dir, deine Version der Geschichte vorzutragen."

Sees the Bear verheimlichte die Wahrheit nicht und erzählte, was sich zugetragen hatte. „Wir haben Fleisch mitgebracht, und ich glaube, es wird uns genügend Stärke verleihen, um in Richtung Süden zu reisen. Der Falke erzählte mir, dass die Jagdgründe rund um die Seenlandschaft sehr gut seien."

„Ein bisschen Essen ist besser als gar keines", sagte einer der alten Männer. „Und wenn dein Freund, der Falke, die Wahrheit sagt, kann die Seenlandschaft unsere neue Heimat werden."

Sees the Bear wurde sehr traurig, als er in die enttäuschten Gesichter seines Volkes blickte. Das Fleisch würde reichen, um über die Runden zu kommen, aber wenn er nicht so viel verschenkt hätte, hätten sie mehr gehabt.

„Das Fleisch ist dort drüben, in dem hohlen Baumstamm", sagte er.

Left Hand ging als Erster, ergriff das Hirschbein und zog an ihm. Da der Hirsch sehr schwer war, bat er um Hilfe. Schließlich mussten vier junge Männer den Hirsch aus dem Baum ziehen. Zu aller Überraschung war der Hirsch unversehrt.

„Das kann nicht sein!", rief Left Hand. „Es war kaum noch die Hälfte übrig, als ich ihn gestern zurückließ. Ich kann das nicht verstehen!"

Als die Männer um den Kadaver des grauen Hirschs standen und ihn betrachteten, erschien ihnen der weiße Geist eines großen Hirschs mit riesigen Geweihgabeln. Die Männer wichen erschrocken zurück.

„Ich bin der Hirsch, der im Wald lebt", sagte der Große Weiße Hirsch. „Es gibt viele von uns, und unser Fleisch wird euch Kraft spenden. Als Gegenleistung bitten wir euch, dass ihr euch dankbar zeigt für unser Leben, das wir euch opfern. Wenn ihr das tut, werden wir immer da sein, um euch zu helfen. Sich großzügig zu zeigen ist eine gute Sache, da wir alle gemeinsam auf dieser Welt wandeln."

Der Große Weiße Hirsch verschwand im Wald. Die Männer kehrten mit dem erlegten Hirsch zurück ins Lager, und in jener Nacht gab es ein großes Festmahl. Fleisch war mehr als genug vorhanden, und es blieb sogar etwas übrig.

Sees the Bear wurde geehrt und erhielt den neuen Namen Brings the Deer. Nachdem er sich ausgeruht hatte, ging er erneut auf die Jagd und kam mit einem weiteren Hirsch zurück. Und ganz wie es der Große Weiße Hirsch gewünscht hatte, hielt er vor dem toten Hirsch inne und sprach ein Dankgebet.

Die Menschen waren gestärkt und wollten weiterziehen. Als die warmen Frühlingswinde den letzten Schnee zum Schmelzen gebracht hatten, brachen sie das Lager ab und zogen in Richtung Süden. Dort fanden sie jenes Land der Fülle vor, von dem der Falke dem Mann, der nun Brings the Deer hieß, erzählt hatte.

Brings the Deer wurde der geschickteste Jäger, den die Leute je gekannt hatten. Es schien, dass er Fähigkeiten und Kräfte besaß wie kein anderer und immer wusste, wann schwere Zeiten bevorstanden. Man sah ihn, wie er den Elstern, die im Dorf vorbeikamen, Fleischstückchen zuwarf, und schon bald taten es ihm alle anderen gleich. Und man sagte von ihm, dass er immer lächelte, wenn die Kojoten ihren abendlichen Gesang vortrugen.

Left Hand jedoch hatte ein schweres Leben. Er wäre eines Sommers fast von einem Bären getötet worden und beinahe ertrunken, als er versuchte, einen Fisch aufzuspießen. Darüber hinaus schienen ihm mehr als jedem anderen merkwürdige Dinge zuzustoßen. Einmal zog ein heftiger Sturmregen über das Dorf und sein Wigwam war das einzige des Dorfes, das umgerissen wurde. Viele fragten sich, warum sein Bogen während der Jagd so oft zerbrach. Vielleicht lag es an den Schwierigkeiten in seinem Leben, dass Left Hand nur selten lächelte.

Viele Männer gingen mit Brings the Deer auf die Jagd, und viele brachten ihre Söhne zu ihm, damit sie von seinen Fähigkeiten lernen konnten. Es gab ein kleines Ritual, das er jedem beibrachte: Jedes Mal, wenn ein Hirsch auf einer Jagd getötet wurde, hielt er einen Augenblick inne und brachte dann einen Strauß Salbei als Opfer dar. Bis heute gibt es bei uns Lakota Jäger, die einen Augenblick innehalten, um ein Dankesgebet zu sprechen für das Leben, das der Hirsch hingab.

Von der Erde und dem Herzen

Im gleichen Maß, in dem die gesellschaftlichen Werte der Lakota von der Anhäufung materiellen Besitzes abraten, wurde Großzügigkeit gefördert und vorgelebt.

Eine uralte Weisheit hilft zu verstehen, warum Großzügigkeit so wichtig ist: „Die Mutter Erde gibt uns alles, was sie hat. Wir müssen das Gleiche tun." Daher ist Großzügigkeit eine zeitlose Tugend, die in unserem Herzen lebt. Tatsächlich lautet die wörtliche Übersetzung des Lakota-Wortes für Großzügigkeit *canteyuke*, „hat ein Herz".

Zu den heiligen Zeremonien der Pfeife, die uns die Weiße Büffelkalbfrau brachte und lehrte, zählt die *Hunka*, was „fortwährende Bewegung" bedeutet. Die Erde sagt uns: „Ich werde immer deine Mutter sein und auch so handeln." Da wir Kinder dieser Erde sind, haben wir ihr Versprechen, dass sie uns immer lieben und für uns sorgen wird, ganz gleich wie gut oder schlecht wir sind oder wie glücklich oder unglücklich.

In unseren Geschichten heißt es, dass die Weiße Büffelkalbfrau vor mehreren tausend Jahren zu uns kam, was bedeutet, dass wir schon eine Weile auf dieser Erde sind. In jener Zeit hat sich unser Leben zwar verändert, aber nie so schnell und problematisch wie während der letzten 300 und insbesondere während der jüngsten 150 Jahre. Vor den plötzlichen Veränderungen der letzten drei oder vier Generationen lebten wir ein einfaches Leben. Wie jede menschliche Gemeinschaft hatten wir gewisse Grundbedürfnisse wie Nahrung, Unterkunft, Kleidung und Sicherheit. Durch Jagen und Sammeln sorgten wir für die Befriedigung dieser Bedürfnisse. Im Wesentlichen schrieb uns die Umgebung unsere Lebensweise vor. Besser gesagt, unsere Vorfahren trafen die Entscheidung, Jäger und Sammler zu sein, nicht aus freien Stücken, sie mussten so handeln, da es die beste und logischste Überlebensstrategie war.

Unsere Vorfahren waren, wie die meisten Bewohner der Prärie, Nomaden. Die Lager oder Dörfer folgten den Jagd- und Sammelgebieten. Unsere wichtigste Nahrung war der Bison, ein Herden- und Wandertier, das uns auch Material für unsere Unterkünfte und einige andere notwendige Dinge lieferte. Wir jagten auch anderes Großwild – Rotwild beispielsweise und kleinere Tiere wie Kaninchen. Während der Saison sammelten wir verschiedene Nahrungsmittel und Heilpflanzen, wie Plattährengras, Prärie-Rüben, Pfefferminze, Äpfel, Pflaumen und verschiedene Beeren. Unsere Nahrung kam direkt von der Erde, wie sie es versprochen hatte. Da sie sich uns gegenüber so großzügig zeigte, mussten wir uns allen anderen Lebewesen gegenüber ebenso großzügig erweisen. Die Erde teilte mit uns und lehrte uns zu teilen.

Zu den bereicherndsten Bräuchen, die noch immer in jedem Lakota-Reservat praktiziert werden, zählt der *Giveaway*. Bei einer Zeremonie, einem Fest oder zum Andenken an eine Person werden ganz einfach Dinge verschenkt.

Beim geringsten Anlass kommen wir Lakota zusammen, um gemeinsam zu essen oder zu tanzen oder um beides zu tun. Im Sommer gibt es Powwows in jedem Reservat und in allen städtischen Gemeinden, in denen mehr als ein Indianer lebt. Wir essen und tanzen und lassen es uns gut gehen. Doch es steckt mehr dahinter. Wir teilen. Wir teilen das Essen, den Tanz und die schöne Zeit miteinander.

Es gibt kaum ein Powwow, an dem nicht eine besondere Zeremonie stattfindet, meist eine traditionelle Namensgebung, eine Auszeichnung für besondere Leistungen, die Ehrung eines oder mehrerer Veteranen oder eine Gedenkfeier. Jede noch so besondere Zeremonie findet in aller Öffentlichkeit statt. Wenn beispielsweise eine Familie ihrem Kind einen traditionellen Lakota-Namen verleihen will, kann jeder, der möchte, der Zeremonie beiwohnen und an den Tänzen teilnehmen, die zu Ehren des Empfängers des neuen Namens aufgeführt werden. Dann veranstaltet die Familie des Kindes ein Giveaway. Als Dank für die Aufmerksamkeit, die Teilnahme und die guten Wünsche werden Kisten, Taschen und Körbe mit allerlei Dingen verschenkt. Bei den Dingen kann es sich um alles handeln, angefangen vom Schokoladenriegel bis hin zum Pferd. Gewöhnlich werden Dinge wie Steppdecken, Decken, Schals, Kissenbezüge, Handtücher, Waschlappen, Seife, Silberwaren, Uhren, Modeschmuck, Schals, Sonnenbrillen, Thermoskannen, Stifte und so weiter verschenkt. Am Ende des Giveaways spricht mindestens eine Person, in der Regel sind es mehrere, öffentlich ihren Dank für die hervorragenden Geschenke aus und lobt die Familie für die schöne Zeremonie. Dann wird noch mehr getanzt.

Giveaways sind ein bedeutender Teil von Gedenkfeiern. Eine Gedenkfeier ist ein Treffen oder ein Fest, das gewöhnlich ein Jahr nach dem Tod zu Ehren der verstorbenen Person abgehalten wird. Sie geht einher mit der Zeremonie zur Erlösung des Geistes, die uns die Weiße Büffelkalbfrau gelehrt hat. Dieses Fest erlaubt es der Familie und der Gemeinschaft, sich mit dem Tod zu versöhnen, und ermöglicht dem Geist des Verstorbenen den Übergang in die Welt der Geister. Es gibt immer ein Fest, auf dem die Familie des Verstorbenen die Anwesenden bedient. Gebete werden zelebriert, und eine ältere angesehene Person, die für ihre Weisheit bekannt ist, erteilt Ratschläge über das Leben und den Tod. Auch im Anschluss an die Gedenkfeier findet ein Giveaway statt.

Das Giveaway ist als wichtiger Bestandteil verschiedener Anlässe, Rituale und Zeremonien mehr als das sichtbare Geschenk. Es geht um den Akt des Teilens. Das Schenken materieller Güter symbolisiert das Weggeben, das Teilen von Freude, Ehre oder Leid. Wenn das Geschenk akzeptiert wird, nimmt der Empfänger auch die Freude, die Ehre oder die Last der Sorgen an.

Die Großzügigkeit sollte sich jedoch nicht nur auf menschliche Wesen beschränken. Alle Lebewesen sind verwandt, da sie Kinder dieser Erde sind. Und alles, was wir tun, wirkt sich auf die Erde aus und auf alles, was sie bevölkert, auch auf die menschliche Rasse. Je mehr Wasser wir verschmutzen, umso weniger gibt es für uns zu trinken. Je mehr Land wir vergiften, umso weniger steht uns für die Landwirtschaft zur Verfügung. Je mehr Wälder wir abholzen, umso weniger Sauerstoff bleibt uns zum Atmen. Wir Menschen haben die Erde durch unsere Gier und unsere Selbstsucht schutzbedürftig gemacht, die beide in der Annahme wurzeln, dass die Erde für uns geschaffen worden sei. Nichts könnte weiter von der Wahrheit entfernt sein. Wir stammen von der Erde ab. Die Erde gab uns das Versprechen, sich um uns zu kümmern und für uns zu sorgen, unabhängig davon, wer oder was wir sind. Wir müssen begreifen, dass wir nur Verwalter der Erde sind und als solche eine heilige Pflicht gegenüber all unseren Mitgeschöpfen haben, uns ernsthaft und sorgfältig um sie zu kümmern. Diese Pflicht obliegt den heutigen sowie den nachfolgenden Generationen.

Als Spezies haben wir Menschen es durch die Großzügigkeit der Erde weit gebracht. Sie hat uns eine Heimat gegeben und die Mittel, um uns in stolze Höhen zu erheben, und sei es nur in Gedanken.

Wir Lakota meinen, dass es viele Wege im Leben gibt, aber die wichtigsten zwei sind die Rote Straße und die Schwarze Straße. Sie repräsentieren die zwei Perspektiven, die jeder Situation eigen sind, die zwei Seiten, die jeder Mensch hat, die zwei Wahlmöglichkeiten, denen wir als Menschen oft gegenüberstehen. Die Rote Straße ist der gute Weg, die gute Seite, die richtige Entscheidung. Sie ist eine enge Straße voller Gefahren und Hindernisse und sehr schwer zu befahren. Die Schwarze Straße ist der schlechte Weg, die dunkle Seite, die falsche Entscheidung. Sie ist breit, und man kann sehr einfach auf ihr reisen. Die Rote Straße und die Schwarze Straße tauchen in vielen unserer Geschichten auf, nicht als Straßen, aber als Verkörperung von Richtig und Falsch, Gut und Böse, Hell und Dunkel. Die zwei Jäger in der „Geschichte von Brings the Deer" sind ein Beispiel dafür. Einer der Jäger ist nicht großzügig, er möchte nicht teilen. Der andere ist äußerst großzügig und kümmert sich bereitwillig um die Nöte der anderen.

Betrachten wir das spätere Schicksal jedes Jägers. Left Hand, der nicht teilen wollte, wurde mit den negativen Konsequenzen konfrontiert und hatte ein hartes Leben. Brings the Deer war großzügig, fast schon übermäßig großzügig, doch er wurde mit den Fertigkeiten und Fähigkeiten derer belohnt, denen er half. Großzügigkeit findet ihren Lohn. Die Mutter Erde erscheint in Form des Großen Weißen Hirschs und bittet um nichts als die simple Anerkennung des Geschenks des Lebens. Man sollte in sich gehen, die menschliche Spezies betrachten und sich fragen, welchem der Jäger man selbst ähnelt. Und wie haben wir das Geschenk des Lebens der Erde gewürdigt?

Großzügigkeit findet ihren Lohn. Ihr Fehlen hat Konsequenzen.

In früheren Zeiten war die Anhäufung materieller Güter den Lakota nicht fremd. Doch das war kein Streben nach Wohlstand, sondern eine Absicherung gegen harte Zeiten und ein Vorrat, um Notleidenden zu helfen. Dennoch war es für ein Nomadenvolk nicht praktisch, zu viel anzuhäufen, denn es bedeutete, mehr schleppen zu müssen, wenn das Lager verlegt wurde, was mindestens zwei, drei Mal im Jahr geschah.

Ein gewisser Mann hatte viele Habseligkeiten, weil er sich nur schwer von Dingen trennen konnte, die er besaß. Seine Behausung war mit allen möglichen Dingen vollgestopft und ihm gehörte eine große Pferdeherde, die alles trug, wenn das Dorf wieder einmal verlegt wurde. Obwohl er all diese schönen Dinge besaß, hatte er keine Freunde, und als er alt wurde, wollte er seine letzten Tage nicht allein verbringen.

Er spürte, dass sein Ende nahte, und er wollte, dass die Menschen nach seinem Tod gut über ihn dachten und sprachen. Also ging er zu der weisesten Frau im Dorf. „Was soll ich machen?“, fragte er. „Ich will an meinen letzten Tagen nicht allein sein.“

„Sei großzügig“, antwortete die alte Frau.

Der alte Mann dachte über ihren Ratschlag nach und sandte dann den Ausrufer des Lagers zu den Menschen, um ihnen mitzuteilen, dass er ein großes Fest geben würde, zu dem alle eingeladen wären. Der Tag des Festes kam, und die Menschen versammelten sich. Der alte Mann hielt sein Wort und speiste alle Gäste. Dann verschenkte er all seinen Besitz, all seine Pferde und sogar seine Hütte. Ihm blieben nur noch die Kleider, die er am Leibe trug – keine Hütte zum Schlafen und kein Pferd zum Reiten. Doch in jener Nacht lud ihn ein Nachbar ein, bei ihm zu übernachten, und am nächsten Tag ein anderer. Und so ging es weiter, bis der alte Mann starb. Er hatte keine Besitztümer, doch er hatte viele Freunde und er blieb als großzügiger Mensch im Gedächtnis der Menschen.

12. WEISHEIT

Woksape (wo-ksa-peh) –
Verstehen, was richtig und wahr ist, sein Wissen weise anwenden

Die Geschichte des Mannes mit der sanften Stimme

In einem Dorf gab es einen Häuptling, der wegen seiner ruhigen Art und seiner guten Entscheidungen große Achtung genoss. Er hatte nicht unbedingt ein Häuptling sein wollen, doch als junger Mann hatte er auf dem Schlachtfeld einen kühlen Kopf und einen scharfen Verstand bewiesen. Und er sorgte gut für seine Familie und für Bedürftige. Die Menschen mochten seine Art, und deshalb baten sie ihn, ihr Häuptling zu sein. Das war natürlich in alten Zeiten. In der heutigen Zeit streben Männer führende Positionen an, um Macht und Ruhm zu erlangen, und nicht immer liegt ihnen dabei das Wohl der Menschen wirklich am Herzen.

Der Mann wurde also nur widerwillig Häuptling. Im Laufe der Jahre traf er viele gute Entscheidungen, und auf den Dorfversammlungen sprach er immer die Wahrheit, ganz gleich ob sie angenehm oder schmerzhaft war. In den langen Jahren seiner Führung gedieh das Dorf und wurde stark.

Zwei Generationen wuchsen unter seiner Führung heran, und langsam kam der Häuptling in die Jahre. Ein paar junge Männer seines Dorfes sehnten sich nach einem neuen Häuptling. Sie besprachen sich untereinander und kamen zu dem Schluss, dass es an der Zeit war, die Häuptlingsdecke einem anderen zu übergeben, einem jüngeren Mann mit mehr Mut, mehr Elan und mehr Ausstrahlung, einem, der dem Ruf eines mächtigen und wohlhabenden Dorfes gerecht wurde. Ein paar der Männer trafen sich heimlich und schmiedeten einen Plan, der ihrer Meinung nach nicht misslingen konnte. Sie würden einen kleinen Vogel fangen, damit zu ihrem alten Häuptling gehen und ihm eine Frage stellen. „Großvater“, würden sie fragen, „ich habe einen Vogel in meiner Hand. Du bist weise. Ist der Vogel tot oder lebendig?“

Wenn der alte Häuptling antwortete „lebendig“, würden sie den Vogel zerdrücken. Wenn er „tot“ sagte, würden sie ihn fliegen lassen. In jedem Fall würde der alte Häuptling schlecht dastehen. Die Menschen würden seine Autorität anzweifeln.

Also fingen die jungen Männer am Morgen vor einer wichtigen Dorfversammlung einen Spatz und stimmten ab, wer den alten Häuptling ansprechen sollte. Am Nachmittag, als alle versammelt waren, ging der Ausgewählte auf den Häuptling zu und sprach mit lauter Stimme, sodass alle ihn hören konnten.

„Großvater, ich möchte dir eine wichtige Frage stellen“, rief er. Stille überkam die ganze Versammlung, als der junge Mann, der etwas hinter seinem Rücken verbarg, auf den alten Häuptling zuging.

„Großvater, ich habe einen Vogel in der Hand“, sagte der junge Mann, als sich alle um ihn versammelt hatten. „Da du weise bist, kannst du mir sagen, ob er tot oder lebendig ist?“

Die Menschen verharrten erwartungsvoll, da viele von ihnen wussten, dass einige der jungen Männer einen Führungswechsel forderten. Ein paar von ihnen fragten sich, ob die jungen Männer möglicherweise recht hätten. Vielleicht wäre es an der Zeit, dass ein jüngerer Mann die Führung übernahm. Also warteten sie die Antwort des alten Häuptlings ab.

Der alte Häuptling wandte sich mit fragendem Blick dem jungen Mann zu. Er stand einige Zeit ruhig da und schien den Boden zu studieren. Durch die Menge ging ein Flüstern. War das endlich die Herausforderung, der der alte Häuptling nicht gewachsen war?

Der alte Häuptling sah den jungen Mann an und lächelte geduldig. Dann sprach er mit fester, aber sanfter Stimme, wie er es immer tat, wenn das Volk eine wichtige Entscheidung zu treffen hatte.

„Enkel", sagte er „die Antwort liegt in *deinen* Händen."

Die Geschichte von der Frau, die tratschte

Im Dorf gab es eine Frau, die gerne tratschte. Sie sorgte dafür, dass jeder im Dorf über jedes kleine Geheimnis, das ihr zu Ohren kam, Bescheid wusste. Und natürlich hielt sie niemals mit ihrer Meinung hinterm Berg.

Eines Tages belauschte die Frau, die gerne tratschte, das Streitgespräch eines jungen Pärchens. Schon bald danach ging der Mann fast einen Monat lang auf die Jagd. Der Tratsch machte schnell die Runde, sodass bald jeder wusste, was sich im Leben jenes jungen Pärchens abspielte. Anschließend behauptete die Frau, die gerne tratschte, dass der junge Ehemann fortgegangen sei, weil die junge Frau ihn nicht mehr unter ihrem Schlafgewand willkommen hieße. Deshalb würden sie keine Kinder bekommen.

Die junge Frau hörte von den Gerüchten, schämte sich sehr und fühlte sich bloßgestellt. Ihre Scham war so groß, dass sie fortlief und ihr Bruder tagelang nach ihr suchte, bevor er sie fand und nach Hause brachte.

Danach verachteten die Menschen des Dorfes den Tratsch und drehten der Frau den Rücken zu, wann immer sie sich näherte. Schließlich sprach niemand mehr mit ihr. Nachdem ihr Mann sie verlassen hatte, kehrte das Klatschweib zurück in das Dorf ihrer Familie. Sie war die einsamste Person des Dorfes.

Da sie nicht wusste, was sie tun sollte, trug sie ihre Probleme der Dorfältesten vor, die für ihre Weisheit und Liebenswürdigkeit bekannt war.

„Großmutter", fragte das Klatschweib, „was muss ich tun, damit die Leute wieder mit mir reden?"

Die alte Frau überreichte dem Klatschweib eine Handvoll weißer Daunenfedern. „Nimm diese Federn und lege eine vor die Tür einer jeden Person, über die du getratscht hast. Dann komm zu mir zurück."

Das Klatschweib tat, wie ihr geheißen wurde, und kehrte ohne eine einzige Feder zur alten Frau zurück.

„Nun", sagte die alte weise Frau, „geh zurück und sammle die Federn, die du auf jede Türschwelle gelegt hast, wieder ein und bring sie mir."

Das Klatschweib begann zu weinen. „Das kann ich nicht, Großmutter, weil der Wind sie weggetragen und überall verteilt hat. Ich kann sie nicht wieder herbringen."

„Ja", sagte die alte Frau, „sie sind wie die verletzenden Worte, die du vor so langer Zeit gesagt hast. Auch wenn du dein ganzes Leben hinter ihnen herjagst, kannst du sie niemals wieder zurückbringen. Das Einzige, was du tun kannst, ist, nie wieder verletzende Worte zu sprechen. Doch übergib zuerst jedem, den du mit deinen Worten beschämt und verletzt hast, ein Geschenk als Zeichen, dass du dich ändern wirst."

Das Klatschweib hielt sich an den Rat der alten Frau. Sie hatte so lange Zeit getratscht, dass sie alles, was sie besaß, außer einem Kleid, hergab. Danach nannte man sie One Dress, doch als klar wurde, dass sie sich wirklich geändert hatte, vergaben ihr die Menschen. One Dress lebte ein langes Leben und wurde als Frau mit der ruhigen Art bekannt.

Eine Lektion über die Schlucht

Ein alter Lakota und sein elfjähriger Enkel stapften im Winter, es war der Dezembervollmond, durch den tiefen Schnee der nördlichen Prärie. Sie kamen von der Jagd zurück und trugen vier große Hasen mit sich.

Der Junge fror und hatte Hunger und wollte so schnell wie möglich zurück in die kleine gemütliche Blockhütte, in der er zusammen mit seinen Großeltern lebte.

„Großvater", sagte er, „können wir die Abkürzung über die Schlucht mit der Quelle nehmen? Wenn wir das tun, kommen wir früher nach Hause. Ich weiß, dass Großmutter sich Sorgen macht, da es bald dunkel wird."

„Das ist die Abkürzung für den Sommer", antwortete der alte Mann. „Es war ein harter Winter. Ich habe seit vielen Jahren nicht so viel Schnee gesehen. Die Schlucht ist bestimmt voller Schnee, der zu tief ist, um sie zu durchqueren."

„Woher willst du das wissen?", fragte der Junge. „Seit den ersten Schneefällen waren wir nicht mehr in der Nähe der Schlucht."

„Das stimmt", antwortete der alte Mann geduldig, „doch in jedem Winter, wenn viel Schnee gefallen ist, war die Schlucht voller Schnee. Niemand, nicht einmal die Kojoten, wagt es, sie zu durchqueren."

„Die Hasen tun es", antwortete der Junge nachdrücklich.

„Sie haben lange, flache Hinterpfoten. Sie können auf dem Schnee laufen", erklärte der alte Mann.

„Wie tief kann der Schnee schon sein?", überlegte der Junge. „Meine Beine sind lang. Ich kann diese Schlucht durchqueren."

Der Junge rannte voraus und ließ seinen Großvater hinter sich. Während er davonlief, rief er dem alten Mann zu: „Bevor du nach Hause kommst, werde ich dir schon eine Kanne Kaffee gekocht haben!"

Der alte Mann sah, wie der Junge auf die Abkürzung zurannte. Er folgte den Spuren, die der Junge hinterlassen hatte, und hielt nur kurz, um ein langes Seil aus dem Leinensack zu ziehen, den er trug. An einem bestimmten Punkt bog er von der Spur des Jungen nach rechts ab und ging auf das Ende der Schlucht zu. Nahe dem Ende schleppte er sich hoch zu einer windgepeitschten Erhebung, auf der fast kein Schnee lag. Dort hielt er inne, griff in seinen Leinensack und nahm einen flachen Stein mit einem Loch in der Mitte heraus. Er fädelte das Seil durch das Loch und knotete es fest.

Er hielt seine Hand schützend vor seine Augen, studierte die schneebedeckte Schlucht vor sich und entdeckte eine lange Schneewehe, die sich bis zur Hälfte des gegenüberliegenden Hangs erstreckte. Am Rand der Schneewehe endeten die Spuren des Jungen in einem großen Loch in der vereisten Schneedecke. Der alte Mann lächelte.

Er maß die Entfernung bis zum Ende der Schneewehe aus, ergriff den Stein, an dem das Seil festgemacht war, und schwang seinen Arm zwei oder drei Mal. Beim dritten Mal warf er den Stein in die Luft. Er flog in einem Bogen in die Höhe und prallte dann auf die Schneedecke. Der alte Mann zog den Stein mithilfe des Seils wieder zu sich und versuchte es erneut. Dieses Mal warf er den Stein höher. Er flog erneut in die Höhe, schlug auf den Schnee und durchbrach die verkrustete Schneedecke. Dann versank er im darunter liegenden, weichen Schnee.

Der alte Mann riss das Ende des Seils an sich und rief laut nach seinem Enkel.

„Im Schnee ist ein Seil, wenn du es ergreifst und dich daran festhältst, werde ich dich herausziehen."

Es passierte nichts. Das Seil blieb schlaff. Der alte Mann wartete einen Moment und rief dann erneut nach seinem Enkel.

„Enkel, im Schnee ist ein Seil, wenn du es ergreifst und

dich daran festhältst, werde ich dich herausziehen. Dein Stolz hält dich wohl jetzt davon ab, nach dem Seil zu greifen. Aber bald wird es kalt werden. Deine Finger werden zu taub sein, um dich festzuhalten."

Der alte Mann wartete. Schon bald wurde das Seil straff, und er begann zu ziehen, wobei er sich im Schnee einen sicheren Stand verschaffte. Er zog und zog. Das Gewicht eines Elfjährigen lässt sich im Schnee nicht leicht bewegen. Doch schon bald tauchten der schneebedeckte Kopf und die Schultern des Jungen auf, und er rappelte sich hoch.

Der alte Mann bürstete den Schnee von seinem Enkel, während der Junge mit hängendem Kopf dastand. „Du solltest kein schlechtes Gewissen haben", sagte der alte Mann liebevoll. Sofort begann der Junge zu sprechen, obwohl er noch vor Kälte schlotterte. „Großvater, woher wusstest du, dass ich unter der Schneedecke war? Bist du weise?"

„Ja", antwortete der Großvater, „vermutlich bin ich weise."

„Wie bist du weise geworden?", wollte der Junge wissen.

„Zunächst", sagte der alte Mann, „lernte ich so viel wie möglich, und deshalb weiß ich viele Dinge. Ich kenne mich mit Spuren aus, ich weiß viel über die Winter und über ehrgeizige Jungen, die meinen, etwas zu wissen. Alles, was ich weiß, kommt von der Erde und von allem, was auf ihr, in ihr, unter ihr und über ihr ist. Außerdem habe ich ein langes Leben gelebt."

„Bedeutet das, weise zu sein, Großvater?"

„Nein", fuhr der alte Mann fort. „Das ist Wissen. Weise zu sein, Weisheit zu besitzen bedeutet zu wissen, was man mit seinem Wissen anfängt, wann man es anwendet und wie man es anwendet. Und manchmal muss man sogar über genügend Wissen verfügen, um nichts zu tun."

„Was meinst du damit?", wollte der Junge wissen.

„Ich wusste, dass du die Abkürzung nehmen würdest, ganz gleich was ich sagen würde", erklärte der alte Mann.

„Warum hast du mich nicht aufgehalten?", fragte der Junge, der immer noch zitterte.

„Weil mir die Weisheit dazu riet, dich deine eigenen Erfahrungen machen zu lassen", sagte der alte Mann. „Die Weisheit rief mir in Erinnerung, dass ich die gleiche Lektion auf die gleiche Art gelernt habe. Mein Großvater hat mich aus derselben Schlucht gezogen."

Der Junge lächelte. „Du bist wie ich durch die Schneedecke gebrochen?"

„Ja", sagte der alte Mann, „und an diesem Tag begann mein Weg, mein Weg in Richtung Weisheit. Genau wie bei dir. Erinnere dich daran, wenn der Tag kommt, an dem du dein Enkelkind aus dieser Schlucht ziehen musst, wenn sie mit Schnee gefüllt ist."

Das Geschenk des Lebens

Es gab eine Zeit, in der ich mich fragte, warum alte Leute so weise sind. Inzwischen wundere ich mich nicht mehr, denn ich weiß, dass Weisheit ein Geschenk des Lebens ist. Das Leben erfordert, dass wir Beharrlichkeit zeigen, uns Widrigkeiten mutig entgegenstellen, mitten in der Versuchung innere Stärke beweisen, die Wahrheit sagen, wie schmerzhaft sie auch sein mag, uns in Bescheidenheit üben, uns für unsere Familien aufopfern, uns großzügig zeigen, um wahrhaft reich zu sein, dass wir alle respektieren, die zum Kreislauf des Lebens gehören, dass wir Ehre über persönliche Vorteile stellen, den Bedürftigen Mitgefühl entgegenbringen, in unseren persönlichen Beziehungen Harmonie anstreben und darüber hinaus Tugenden an den Tag legen, die dem Leben einen Sinn geben. Und selbst wenn uns das nicht immer gelingt, belohnt uns das Leben, wenn wir es versuchen – wenn wir leben: Es garantiert uns Weisheit.

Was ist Weisheit? Ist es Wissen? Wissen ist die Grundlage der Weisheit, aber sie folgt nicht automatisch aus ihm. Weisheit ist zu wissen, was man tun oder sagen soll oder was man nicht tun und sagen soll. Eine Großmutter beobachtet beispielsweise ihren Enkel, der dabei ist, mit dem Feuer zu spielen, wie es alle Kinder ab und zu tun. Während das Kind von Neugier getrieben dem Feuer immer näher kommt, weicht ihm die Großmutter zwar nicht von der Seite, um sicherzustellen, dass es sich nicht verletzt, spricht aber noch keine Warnung aus. Dann passiert das Unvermeidliche. Das Kind hält seinen Finger in die Flammen und zuckt vor Schmerz zurück. Dann sagt die Großmutter: „Enkelsohn, das Feuer ist heiß, es kann dich verletzten." Ihre Worte bestätigen eine Tatsache, die sich schon unauslöschlich ins Bewusstsein des Jungen eingegraben hat. Er wird es sich sicherlich zweimal überlegen, bevor er seine Finger wieder in die Flammen hält, und die Chancen stehen nicht schlecht, dass er es nie wieder tun wird.

Das Wissen der Großmutter stammte aus ihrer eigenen Kindheit, als sie das Gleiche getan hatte. Nachdem sie ein Leben lang Wissen und Erfahrung gesammelt hatte, wusste sie um den besten Zeitpunkt, die Wahrheit zu sagen. In diesem Fall riet ihr die Weisheit, dass es besser wäre, die Wahrheit zu demonstrieren, als sie einfach nur auszusprechen.

Weisheit ist das Gegenmittel für Ungeduld, Eigenwilligkeit, Überschwänglichkeit, Wut, Ignoranz, Arroganz und eine ganze Heerschar anderer Neigungen, die uns beständig zu peinlichen Taten veranlassen oder uns dazu bringen, andere zu verletzen. Weisheit kann uns daran hindern, uns zu blamieren, und uns befähigen, einen nachhaltigen, positiven Eindruck zu hinterlassen. Sie ist die Summe der Erfahrungen – der Höhen und Tiefen, des Guten und Schlechten, des Erfolgs und der Niederlage –, die zu unserem Leben gehören. Weisheit geht sowohl aus dem Licht als auch aus der Dunkelheit hervor, sie verleiht uns tiefe Einsicht, eine Wahrnehmung, die nur dann entsteht, wenn man zahlreiche Schlachten geschlagen hat.

Es kommt eine Zeit in unserem Leben, wenn wir nicht mehr so schnell rennen und so weit gehen können, wenn unsere Reflexe langsamer werden, unser Haar grau oder silbern wird und sich die Wege, die wir gegangen sind, in unseren Gesichtern abzeichnen. An diesem Punkt haben wir die kritischste, aber auch die bereicherndste Phase unseres Lebens erreicht: Wir haben ein Leben, auf das wir zurückblicken können, nicht weil es sich dem Ende neigt, sondern weil wir einen weiten Weg zurückgelegt haben. Und dieser Weg ist jetzt unser Lohn und unsere Stärke. Weisheit ist das Geschenk des Lebens an uns, aber sie ist auch unser Geschenk an das Leben.

Wir erinnern uns an Menschen aufgrund ihrer Errungenschaften, manchmal nur aufgrund einer einzigen Tat oder aufgrund ihres Charakters. Jahre im Dienste der Allgemeinheit, der Gewinn eines Nobelpreises, 25 Jahre politische Gefangenschaft, die Anzahl der Home Runs in einer einzigen Saison, erfolgreiches Einlochen auf dem Golfplatz oder ein Leben im Dienste der Armen werden lange Zeit in unseren Erinnerungen leben. Wenn wir wollen, finden wir viele Beispiele in der Welt, die wir in Erinnerung behalten und nachahmen können. Doch in Momenten, in denen ich in mich gehe, oder wenn eine Krise schwer auf mir lastet, neige ich dazu, an die Menschen zu denken, zu denen ich eine enge Beziehung hatte oder habe: Eltern, Großeltern, Lehrer oder Freunde. Das sind die Menschen, an die ich mich wende, weil ich sie kenne und weil ich mich ihrer Weisheit erinnere.

Es wird erzählt, dass die Antwort eines Mannes, den man fragte, aufgrund welcher Eigenschaft man sich seiner erinnern sollte, Weisheit lautete. Wenn alles vorüber ist, wäre auch ich gerne für meine Weisheit bekannt. Ich würde gerne als ein Mensch in Erinnerung bleiben, der das Geschenk des Lebens erwiderte.

ÜBER DEN AUTOR

Jospeh Marshall gehört zum Indianerstamm der Sicangu Lakota. Er wurde im Rosebud Sioux Reservat geboren und wuchs dort auf. In seiner Laufbahn war er Lehrer und Angestellter im Bildungs- und Gesundheitsprogramm des Stammes der Rosebud Sioux, er ist Mitbegründer der Sinte Gleska University. Neben seiner Tätigkeit als Schriftsteller ist er Mitveranstalter von Managementkursen und Kursen zur Entwicklung von Führungsqualitäten. Er hat ein Programm entwickelt (das er auch lehrt), welches sich auf die Führungsprinzipien von Crazy Horse stützt.

Mehr Informationen über den Autor finden sich auf seiner Homepage:
www.josephmarshall.com.